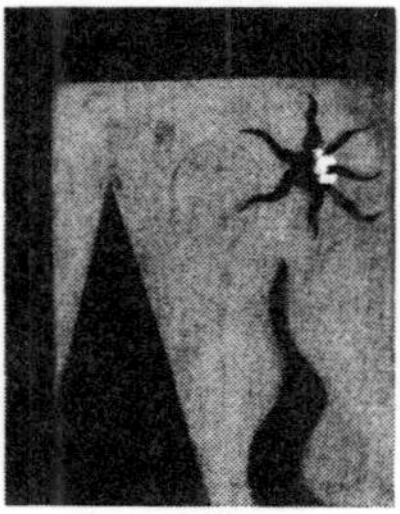

BECK & GLÜCKLER

Miguel Torga

Findlinge

Erzählungen

Aus dem Portugiesischen
von
Curt Meyer-Clason

Mit einem Vorwort
von Gesa Hasebrink

BECK & GLÜCKLER

Titel der Originalausgabe:
Pedras Lavradas

Deutsche Erstausgabe
1. Auflage 1993

Holbeinstraße 8, D - 79100 Freiburg
Übersetzung: Curt Meyer-Clason
(Der Übersetzung liegt die 3. Auflage, 1976, zugrunde.)
Lektorat: Gesa Hasebrink
Schutzumschlag: Book Graphics
unter Verwendung eines Bildes von
Dominguez Alvarez (phot. von Ruy Esteves)
Satz: Barbara Herrmann, Freiburg
Druck und Bindung: Wiener Verlag, Himberg
Printed in Austria

Gedruckt auf umweltfreundlichem Papier
ISBN 3-89470-202-8

Inhalt

Vorwort

1951. Seit fast zwei Jahrzehnten sitzt der portugiesische Diktator António de Oliveira Salazar fest im Regierungssattel, und es zeigen sich noch keinerlei Anzeichen für eine Abschaffung des totalitären Systems. Inzwischen ist auch die vage Hoffnung auf einen Untergang des Faschismus im Lande zusammen mit dem in Deutschland zunichte gegangen: Portugal siecht weiterhin von der Außenwelt so gut wie abgeschlossen dahin ...

Vor diesem düsteren Panorama entstehen die ‹Findlinge›, die Miguel Torga selbst als einen weiteren Versuch wertet, «den Weg durch diese alles umgebende Nacht zu beenden» (Tagebuch V, 7. November 1950).

In einem Interview mit der französischen Zeitschrift ‹Soir› erzählt der Autor auf die Frage, wie er dabei vorgehe: «Ein portugiesischer Politiker sagte nach der Lektüre eines meiner Bücher, ich verwende im Hinblick auf Salazar die Besredka-Methode, eine klinische Methode, die darin besteht, anfangs eine minimale Dosis des Medikaments zu verabreichen, dann eine etwas stärkere und schließlich die ganze.»

Vergleicht man die Erzählungen mit den

beiden Bänden des Autors ‹Bichos› (1940, dt. ‹Tiere›, 1989) und ‹Novos Contos da Montanha› (1944, dt. ‹Neue Erzählungen aus dem Gebirge›, 1990), so fällt auf, daß die ‹Findlinge› keinerlei faßbaren Auswahlkriterien unterworfen zu sein scheinen: Die Hauptfiguren entstammen allen Alters- und Gesellschaftsschichten, sie sind in keinen konkreten örtlichen oder zeitlichen Rahmen eingebettet, und auch die Thematik der einzelnen Episoden ist allem Anschein nach völlig willkürlich zusammengewürfelt – ganz offensichtlich wird an der Oberfläche nur eine minimale Dosis des subversiven Medikaments verabreicht!

Bei näherem Hinsehen jedoch finden sich durchaus deutliche Indizien für den expliziten Umgang mit der prekären politischen und gesellschaftlichen Situation. So zeigt sich in der beißenden Ironie der *Wiedergeburt* in aller Deutlichkeit, was von der ‹Normalisierung› – oder besser ‹Normierung› – des Strafgefangenen durch die Mechanismen der Justiz zu halten ist. Und die Justiz als zentrales Instrument des Machterhalts wird auch dann in die Knie gezwungen, wenn der frischgebackene *Richter* im Angesicht einer ‹verbrecherischen› Maus genötigt ist, sich über all die gelernten Rechte und Paragraphen hinwegzusetzen und das schuldige Wesen allein nach menschlichen Beweggründen zu beurteilen.

Doch auch dies sind noch sehr indirekte Verweise auf die geschichtliche Situation. Sie wird erst dann wirklich greifbar, wenn Torga sich der Darstellung des *Feiglings* widmet, eines potentiellen Meuchelmörders, der sich den Mord am Diktator in den Kopf gesetzt hat, oder wenn in der abschließenden Erzählung *Requiem* ein Flüchtling stirbt, nachdem der Krieg schon vorbei ist – welch bösartige Spielart des Schicksals, so wird uns suggeriert, bevor sich klammheimlich die Frage einschleicht, ob der Tod vor Kriegsende denn sinnvoller gewesen wäre ...

Und doch gelangen wir erst auf einer den konkreten Inhalt überwindenden Ebene und durch eine detailliertere Betrachtung der politischen Situation zu der ganzen Dosis Torgascher Zeitkritik:

Salazars Politik basierte im wesentlichen auf der Absicht, «die Gefühlsregungen der Menschen nach und nach unter Kontrolle zu bringen, sie mit viel Geduld verkümmern zu lassen und schließlich auszuschalten»*.

Mit welch unglaublicher Konsequenz der *Estado Novo* (1933–1974), der Neue Staat, dieses Ziel umzusetzen versuchte, zeigt sich zum einen in der rigorosen Durchführung einer Zensur, die einen erheblichen Einfluß auf das literarische Schaffen dieses Jahrhunderts hatte und die Miguel Torga auch am eigenen Leib zu spüren bekam.

Sein Kommentar hierzu: «Eine Literatur zu

---

* Zitat nach Manuel Braga da Cruz: *O Partido e o Estado no Salazarismo*. Lisboa 1988, p. 79.

schaffen, die der Untergrundliteratur so nah wie möglich kommt, aber doch veröffentlicht werden kann, ist die einzige Hoffnung auf eine Rettung, die dem Künstler bleibt» (Tagebuch V, 4. Juli 1949).

Zum anderen aber spiegeln sich die Folgen der staatlichen Politik in einer schrittweisen Resignation des portugiesischen Volkes wider:

«Vielleicht weil die Menschen von heute gezwungen sind, in den allgemeinen Dingen die gleiche Meinung, das gleiche Verhalten und die gleichen Reaktionen zu haben, weisen sie in den Kleinigkeiten eine solche Vielfalt auf, daß das Gesetz sie nicht erfassen kann», so vermerkt Miguel Torga am 28. April 1949 in seinem Tagebuch. Unumwunden gesteht er damit den damaligen Machthabern zu, daß sie ihr Ziel der Ruhigstellung des Volkes erreicht haben; aber er verweist zugleich auf die Existenz von unterschiedlichsten Freiräumen, die ein jeder sich schaffen kann.

In den ‹Findlingen› zeigt er seinen Lesern anhand vieler Beispiele, wie gegen die bedenkliche Abstumpfung vorzugehen ist. Ebenso, wie er den Künstler – und damit auch sich selbst – an die Chance und die Notwendigkeit erinnert, zumindest die ihm verbleibenden Freiheiten voll auszuschöpfen, appelliert er in diesem Band nun ganz allgemein an die menschliche Pflicht, die persönliche Identität zu entwickeln und die Verantwortung für das eigene Leben zu übernehmen.

Ganz im Sinne der existentialistischen Tendenzen seiner Zeit stellt Miguel Torga uns in seinen Geschichten Figuren vor, die sich mit den Gefahren kritiklos übernommener Konventionen und Werte konfrontiert sehen: Überall begegnen uns Menschen, die das Schicksal einholt und denen daraufhin bewußte Entscheidungen abverlangt werden.

Dabei geht es Miguel Torga keinesfalls darum, die kleinen Schwächen seiner Figuren anmaßend oder gar tadelnd zu kommentieren. Vielmehr läßt er sich voller Neugier, aber auch mit Zuneigung und Sympathie tief in die besonderen Lebensumstände der einzelnen Personen hineingleiten, er verleiht den Geschichten den authentischen Tonfall ihres jeweiligen Kontextes und beobachtet haargenau den individuellen Umgang mit den aufreibenden Phasen der Erkenntnis.

Es besteht kein Zweifel: Wo immer das Leben unter der Diktatur in diesem weitgefächerten Panorama der portugiesischen Gesellschaft aufblitzt, erscheint es als harte Bürde, die es zu bekämpfen gilt. Doch besteht dieser Kampf für jeden einzelnen in erster Linie darin, sich selbst gegenüber ehrlich und treu zu bleiben. Insofern bleibt auch der Blinde in der Erzählung *Die Talsperre* in gewisser Weise der Sieger: Er gehört nicht zu den Dorfbewohnern, die versuchen, die Vermessungen im Tal zu ignorieren, er gehört auch nicht zu den Vermessern oder den Polizisten mit Gewehr im Anschlag, die die Evakuierung des Dorfes bewachen. Er ist der einzige, der sich nicht vertreiben läßt – und so ertrinkt er auf ihm bekanntem Terrain.

Der vielfältige Reigen der ‹Findlinge› tastet sich also wahrhaftig entsprechend der Besredka-Methode nur ganz langsam und vorsichtig an den Kern der Aussage heran. Erst seine Gesamtheit offenbart das zentrale Anliegen des Autors, das weit über die konkrete Kritik an der politischen Lage hinausreicht: Indem Torga darlegt, welche Folgen es für den Einzelnen und sein Umfeld hat, sich auf Kompromisse und Unehrlichkeiten politischer, gesellschaftlicher oder auch persönlicher Natur einzulassen, verweist er seine Landsleute – und sicherlich nicht nur diese – auf die Notwendigkeit, ihr Leben eigenverantwortlich zu gestalten.

«Die Unruhe, die jedes Buch mit sich bringt! Aber trotz aller Risiken möchte ich es nicht anders», so schreibt Miguel Torga am 7. Dezember 1949 in seinem Tagebuch. Die ‹Findlinge› und ihr ureigenster Beitrag zur Aufrüttlung und Ermunterung der damaligen und heutigen Leserschaft geben ihm unbedingt recht.

Gesa Hasebrink

Das Geheimnis

Im Zwielicht des Morgengrauens stand er tastend auf, öffnete das Fenster, lehnte sich über die Brüstung und schaute hinaus. Die nebelbedeckte Lagune war eine Wolke aus Watte. Das Meer hinter den Dünen schnarchte noch. Das dichte Pinienwäldchen gab kein Lebenszeichen von sich.

Ein Tag wie so viele andere, mit dem gleichen gestaltlosen Erwachen, feucht und träge.

– Bist du's, Pedro?

– Ja, Mutter.

– Paß auf, daß du dich nicht erkältest! ...

Auch sie war bereits wach. Auch sie wußte, daß die Stunde gekommen war.

Ein Geräusch wilden Flügelschlagens durchschnitt die Luft über dem Dach: Die ersten Enten kurz vor der Begegnung mit Milheirãos Jagdflinte.

Und Pedro sah den im Schilf auf der Lauer liegenden Jäger deutlich vor sich. Gleich darauf ...

Einen Augenblick stellte er sein Denken ein, wie um der Scharfeinstellung Zeit zu lassen. Und schon hallten die beiden erwarteten Schüsse durch den Nebel in seinem Ohr wider. Der Tod begann seine Ernte.

– Bleib nicht so in der Kühle des Morgens hocken, Sohn! Zieh dich warm an!

Langsam, aber unerbittlich tagte es. Wie eine Pflanze, die wächst, ohne daß man sie wachsen sieht, breitete das Licht die Arme aus und öffnete die Augen. Ein großer Riss in dem Schleier, der sie bedeckte, zeigte bereits einen Fetzen des leuchtenden Bauches der Lagune.

Weitere Enten. Doch die konnten sorglos weiterfliegen. Milheirão feuerte immer nur zwei Schüsse ab.

In der Sanduhr rieselte der Sand. Und die Welt bevölkerte sich mit ihren Gespenstern: Möven, das Nebelhorn, das die Männer zur Feldarbeit ruft, ein neuer Spalt im Nebel, in der Ferne taucht das erste Dach eines Strohschuppens auf.

– Zieh dich an, Sohn!

Drunten im Hof war geräuschvolles Fegen zu hören. Gewissenhaft schüttelte der alte Hahn den Schlaf aus dem Gefieder, bevor er den neuen Tag einkrähte.

Jetzt war die weite Wasserdecke nur noch der Überrest eines erloschenen Feuers. Nur da und dort rauchte noch ein wenig beharrliche Glut.

– Wohin gehst du?

– Ich gehe baden.

Er vermeinte Schluchzen zu hören; doch was bedeutete in diesem Augenblick ein Schluchzer? Und er stieg hinunter.

Nach Milheirãos Anschlag war die Lagune von neuem zu ihrer geheimen Vertrautheit zurückgekehrt. Regungslos und kalt schien das Wasser Besuch von jemandem zu erwarten, der ihm die Botschaft eines Geheimnisses überbringen würde. Über die Ufer gebeugt, spiegelten die blühenden Mimosen sich angstvoll in dem rätselhaften Spiegel. In ihrer Starrheit gemahnten die Blätter der Schwertlilien an gezückte Degen. Schläfrig wartete das Röhricht.

Pedro ging schweigend auf dieses Schweigen zu. Er hatte das in seiner Angst befangene Haus hinter sich gelassen, schlug den sandigen Waldpfad ein und näherte sich dem Zufluchtsort der flüssigen Muschel auf seiner einsamsten, entrücktesten Seite.

Am Strand in der Ferne, auf der anderen Seite der großen Düne, hatte die Arbeit begonnen. Wirrer Lärm von Rufen und Mühen bewies, daß sich dort niemand seiner Aufgabe entzog. Doch kein Beispiel dieser Welt konnte ihm dienlich sein. Der Wunsch, das Wort oder eines Menschen Gegenwart hätten ihm in dieser Stunde nur ein zusätzlicher Anlaß zur Qual sein können. Selbst die Lagune, die ihn eindringlich musterte, erschreckte ihn zunächst. Und doch war es die Lagune, seine alte Freundin ...

Langsam wie bei einem Ritual zog er sich im Ried aus. Dann watete er sanft in die Kühle hinein.

Nackt schwamm er im klaren Wasser, und sein Körper war wie ein seltsamer Fisch. Seine Beine, weder Frauen– noch Männerbeine, bewegten sich in unentschlossenem Rhythmus. Und sein Rumpf, den weder die Sonne des Meeres gebräunt noch der Staub der Erde getönt hatte, schwankte unsicher zwischen Muskelanspannung und kraftlosem, weichem Nachgeben.

Langsam, als schwömme er seinem Bewußtsein entgegen, durchschnitt der seltsame Fisch die letzten Nebelschwaden. Vor ihm wiegte sich, vom Kompaß der Augen gelenkt, ein Schwarm Möven auf den Wellen.

Von der ihn umgebenden Wollust verführt, drehte Pedro sich auf den Rücken, legte die Beine aneinander und ließ sich treiben. Die von der leichten Brise aufgescheuchten Spritzer benetzten ihn von Zeit zu Zeit wie ein rhythmischer, heidnischer Weihwedel. Sie besprengten seine glatte Brust und das unbestimmte Geschlecht, von dem sein Schmerz ausging ... Das Leben, eigensüchtig wie es war, klammerte sich an das Leben. Was mehr war nötig zum Glücklichsein, als zu atmen? Und das scharfe, peitschende Bewußtsein seiner Anomalie verlor sich vorübergehend am hohen Himmel der Geistesabwesenheit, außer Reichweite des Gewitters. In der schaukelnden Wiege fühlte sich der Körper vollkommen und eins mit sich und der Welt; und der befreite Geist strich unbekümmert durchs Unendliche.

Aber das spöttische Krächzen eines vorüberfliegenden Raben holte den Flüchtling wieder auf die Erde herab. Und als Pedro, nun im vollen Sonnenschein, den ihn quälenden Schatten betrachtete, war ihm, als färbte ein Trauerblitz plötzlich seine Seele schwarz. Ohne seiner Abwehr Herr zu werden, drehte er sich rasch um und tauchte.

Die Augen auf den Schlammgrund gerichtet, durchlebte er in Sekundenschnelle den ganzen Leidensweg seines Lebens. Zuerst und in schon weiter Ferne die Entdeckung seiner Mißbildung. Sodann die Vorsicht, die Angst, der Schrecken, sie könnte entdeckt werden. Schließlich die Gewißheit, daß auch die Mutter sein Unglück kannte.

Es war eines Tages im August am Strand gewesen. Alle gleichaltrigen Kinder hatten nackt und natürlich in den Wellen eines stillen, lauen Meeres gespielt. Er indes war angezogen und schamvoll an seinem Platz zwischen den Erwachsenen sitzen geblieben.

– Warum badest du nicht, Pedro?

– Er ist erkältet. Er darf nicht.

Somit kannte er nicht als einziger das Geheimnis! Jemand wußte Bescheid und war rücksichtsvoll genug gewesen, es ihn allein entdecken zu lassen. Ohne Augen für irgendetwas anderes zu haben, hatte er sogar vergessen, daß seine Mutter ihn zur Welt gebracht hatte … Und ein aus Schuld und Scham bestehendes großes Zärtlichkeitsgefühl vereinte sie wie zwei Muscheln.

Doch mit keinem Wort näherten sie sich jemals dem Abgrund. Die Mitwisserschaft trieb sie aus dem Licht der Wirklichkeit heraus, trieb sie aus Angst vor diesem Alptraum in die Liebe. Und bestimmte ähnliche Vorlieben, übereinstimmende Redeweisen in vielen Gesprächen sowie die gleiche weibliche Zerbrechlichkeit, mit der sie manchmal auf dieselben Herausforderungen antworteten, waren eher Anlaß zur Beunruhigung für sie als Quellen der Freude. Dann fühlten sie, wie sie über den schreckenerregenden Abhang der Blutschande in die Tiefe glitten. Das Verhängnis kettete sie aneinander, und der Instinkt trennte sie.

Doch die Zeit ließ die ungeheuerliche Frucht des Einverständnisses derart anschwellen, daß selbst der Baum sie nicht mehr billigen konnte. Und oftmals griffen sie einander an wie zwei Verbrecher, die es leid waren, ihr Verbrechen geheimzuhalten.

Sie wohnten außerhalb des Dorfs, zurückgezogen auf einer Waldlichtung. Dennoch konnte diese Einsamkeit sich nicht dem Gesetz des Lebens entziehen. Und Lúcia mußte sich dann und wann Anspielungen auf die überall nur allzu bekannte Keuschheit ihres Sohnes anhören.

– Was zum Teufel hat denn dein Junge, daß er vor den Mädchen Reißaus zu nehmen scheint?

– Was soll er schon haben? Seine Stunde ist eben noch nicht gekommen ...

Nicht immer klangen die Bemerkungen so zurückhaltend, daß sie ihm eine Erniedrigung ersparten. Und sobald die Frage gestellt war, wartete er aufmerksam auf die Antwort.

Die von ihm angstvoll erwartete Erwiderung war weit davon entfernt, ihn zu erleichtern, sie quälte ihn noch mehr. Es war ein Gemeinschaftsgefühl, dessen er alle Augenblicke bedurfte und das er jeden Augenblick verlieren konnte. Grausam und rastlos forderte er sogar bisweilen die Mutter heraus, stellte sie auf die Probe wie jemand, der die Vernarbung einer Wunde verhindert, indem er die Kruste fortwährend aufkratzt. Doch stets hatte sich der Beistand bisher sicher und bereitwillig eingestellt und half ihm, die hohen Hindernisse eines jeden Tages zu überwinden: Die Herausforderung der gleichaltrigen Jungen, und vor allem das neugierige, zweideutige Bohren der jungen Mädchen.

Gleichgültig gegen derartige Ängste, verstrich die Zeit. Und eines Tages fiel das Urteil:

– Die Musterung findet am Zehnten statt.

Er warf der Mutter einen verstohlenen Blick zu. Ihm schien, als zöge sich etwas in ihrem Gesicht leicht zusammen. Doch es dauerte nur einen Augenblick. Gleich darauf war alles wieder wie gewohnt. Und so verlief der Rest der Woche.

Nun war der Zehnte gekommen, und an diesem Tag würde er endlich eine wahrheitsgetreue, zuverlässige Antwort auf die Fragen der Welt geben müssen.

Von neuem an der Wasseroberfläche, atmete seine Brust, in der die Luft während des Alptraums zusammengepreßt worden war, erleichtert auf.

Letzten Endes würde es ihm leichtfallen zu antworten. Wenn die Lüge uns das Blut vergiftet, ist es eine Erleichterung, die Adern durchzuschneiden und den Giftstoff entweichen zu lassen.

Mit einem jähen Ruck glitt der Körper durchs Wasser. Jeder ausgestreckte und wieder zurückgezogene Arm schien die eigene Bewegung in sich zu begrenzen.

Das Leben war schön, aber jemand mußte für diese Schönheit bezahlen. Die blutverschmierten Federn, die zwischen den Grasbüscheln hingen, bewiesen es zur Genüge. Damit die anderen Enten durch die lichte Höhe fliegen konnten, war zuerst der Tod in der Rauchrose von Milheirãos Jagdflinte erblüht.

Er stand auf. Von den Unreinheiten der Welt reingewaschen, war er bereit für die Reise.

Rasch zog er sich an, und rasch kam er zu Hause an. Der Tag war jetzt ein lodernder Feuerherd des Monats August.

– Das frische Zeug liegt auf dem Fußende des Betts, – sagte die Mutter. – Zieh es an …

– Ist gut.

Er trat in die Schlafkammer, verschloß die Tür und holte aus der Matratze das Gift hervor, das er seit langem dort versteckt hatte, damit es ihm eines Tages nützlich wäre. Er nahm es seelenruhig ein und legte sich aufs Bett.

– Mutter!

– Was ist?

– Nichts ...

Während sie sich weiter im Haus zu schaffen machte, starb er dahin.

– Mutter!

– Mein Sohn?

– Ich möchte Wasser...

Als sie zu ihm trat, ging es mit ihm zu Ende. Tränen schossen ihr in die Augen, verzweifelt schloß sie ihn in ihre Arme, gab aber keinen Laut von sich und rief auch nicht um Hilfe. Sie empfing seinen letzten Seufzer, zog ihm sein frisches Zeug an, kämmte sein noch feuchtes Haar und blieb dann bewegungslos an seiner Seite sitzen.

Seit dem Tagesanbruch hatte sie auf diesen Tod gewartet.

Arztbesuch

Dieser Besuch war etwas Seltsames und Unerwartetes. Bis dahin war der Tag eintönig verlaufen mit beliebigen, alltäglichen Fällen und Menschen, die nichts anderes begehrten, als krank zu sein und zu leiden.

Die graue Hülle der Routinearbeit verurteilte jedes neue Gesicht zur Namenlosigkeit, und das Bild der Helden des Dramas verblich mit dem Klang der Abschiedsworte.

– Einen schönen Tag noch.

– Einen wunderschönen Tag noch.

Mehr nicht. Er hatte Vertraulichkeiten erlebt, sogar Tränen, die Offenbarung von Schamgefühl und Elend. Aber der Brunnen der Einförmigkeit verschlang alles, und die Stunden schleppten sich in dumpfer Erstarrung dahin, während das grausame Sonnenlicht die sterile, weiße Trostlosigkeit der Möbel nur noch vertiefte.

– Soll ich den Patienten hereinschicken? – fragte die Sprechstundenhilfe bleich und steif wie ein Automat, die in ihrem gestärkten Kittel gleichfalls wie mit Lackfarbe bemalt wirkte.

– Ja, bitte.

Und wieder eine Karteikarte, wieder ein

Name, ein Beruf, ein Wohnort und eine Liste von Schmerzen und Beschwerden.

Schließlich leerte sich das Wartezimmer, und trauriger Zigarettenrauch begann die lustlose Entspannung zu füllen.

Heilen! Heute einen Saft verschreiben, morgen Sulfonamid, danach Penizillin, und schließlich ... Gott möge verhüten, daß die Kranken jemals seine Skepsis ahnten!

So sinnierte er vor sich hin, als die Stimme der Sprechstundenhilfe ihre Litanei von neuem aufnahm:

– Soll ich die Patientin hereinschicken?

– Ja, bitte.

Es war eine Ausländerin. Jung, schlank, blond; sie begrüßte ihn mit zurückhaltender Anmut, setzte sich auf den Stuhl, den er ihr anbot, und vergaß sofort ihre beiden zappeligen Beine, die nun ganz allein helle, unbeschwerte Fröhlichkeit verrieten. Das seidige Haar fiel in losen, lustvollen Strähnen auf ihre Schultern, und die wassergrünen Augen musterten ihn ebenso forschend wie zutraulich. In ihrer betonten Weiblichkeit war sie ein Gleichklang aus Farben und Stoffen. Ihre Hautfarbe verschwisterte sich unmerklich mit dem tiefen Gelb ihrer Bluse, und die Formen ihres Körpers zeichneten sich im strengen Schnitt des Rocks deutlich ab.

Selbst er, sonst so berufsbewußt und rein wissenschaftlich bestimmt, wunderte sich darüber, auf derartige Einzelheiten zu achten. Und er beeilte sich, die Aufmerksamkeit davon abzuwenden.

– Hätten Sie die Güte, mir zu sagen ...

Da begann sie die Geschichte ihrer Krankheit mit geometrischer Genauigkeit zu erzählen. Das Alter ihrer ersten Blutung, das Mißgeschick einer Kaverne in der rechten Lunge, der günstige Verlauf eines Typhusfiebers. Zuletzt schilderte sie die Symptome ihres augenblicklichen Leidens.

Und er hörte aufmerksam zu, vollzog ihren Fall objektiv nach und erlebte dabei jenes unverhoffte, wunderbare Schauspiel mit. Aus einem fernen, unbekannten Winkel der Welt kam ein schönes junges Mädchen zu ihm, erzählte ihm das intime Leben ihrer Physiologie und zog sich auf seine Bitte sogar ohne die geringste Angst vor ihm aus, als stünde sie im Angesicht der Sonne, des Meeres oder sonst einer reinen Naturkraft, welcher der Körper sich auf der Suche nach Gesundheit rückhaltlos aussetzt.

– Wir wollen uns das mal ansehen ...

Er näherte sich ihr, gleichsam angezogen von einem erlösenden Wink. Er trat auf den rotblauen Teppich des Fußbodens, und seine Füße vermeinten, auf einer Wolke der Begegnung mit einer neuen Welt entgegenzutreten.

Er begann sie abzuhorchen. Er berührte ihre geschmeidige Haut, schob den Vorhang ihres Haares beiseite, atmete den von ihrem Körper verströmten Duft ein, drückte die Membrane des Stetoskops auf ihre runden, vollen Brüste. Und alles war gleichzeitig unfaßbar rein, phantastisch und wirklich!

Die Sprechstundenhilfe öffnete die Tür und suchte im Schrank für Musterpackungen irgendein Heilmittel, wie immer unbeteiligt an dem vor ihren Augen ablaufenden Geschehen. Sie wußte, daß er in seinem Arztkittel steckte wie ein Mönch in seiner Kutte. Elf Berufsjahre bei ihm hatten ihre Gesichtsfarbe und die Lebhaftigkeit ihrer Seele gebleicht. Sie hatte sich der Farblosigkeit der Diagnosen und der Dürre der Anweisungen angepaßt, in Übereinstimmung mit der hohen, übermenschlichen Aufgabe ihres Arbeitgebers. Und eben weil er sich in dieser Stunde seiner Verpflichtung nicht gewachsen fühlte, sah er sie mit Erleichterung den Raum verlassen, nicht ohne sich zuvor vergewissert zu haben, ob sie seine Erregung bemerkt hatte.

Die beschleunigten Herzschläge drangen durch das Hörrohr an sein aufmerksames Ohr. Der zweite Herzton war ein wenig schwach, doch das war ohne Bedeutung. Sehr entscheidend war freilich die außerordentliche und doch alltägliche Tatsache, daß er die geheimen Schläge eines Lebens mitanhörte, daß er mit der Hand am Puls der jungen Frau den warmen Rhythmus des durch ihre Adern rinnenden Blutes begleitete.

– Bitte jetzt nicht atmen ...

Das schleppende, schwache Klopfen hörte auf, und das beharrliche Geräusch auf der linken Seite, neben der sechsten Rippe, war deutlicher zu vernehmen. Ein kleiner Muskel, der indes einen ganzen Körper mit Leben erfüllte und von dem ein einziger Schlag vielleicht das Glück eines Menschen ausmachen konnte ...

– Sie können jetzt wieder atmen ...

Leicht ermüdet von der Anstrengung, aber wachsam, fragte sie:

– Haben Sie etwas gefunden?

– Nichts.

Und die Antwort schenkte auch ihm eine geheime, lustvolle Freude.

Nun maß er den Blutdruck. Und die kleine Nadel, die so oft vor seinen Augen getanzt hatte, kam ihm jetzt magisch, erschreckend vor, besessen vom zaubrischen Magnetismus, der sie bewegte, und sie war das wahrhafte Aufblitzen eines Geheimnisses.

– Einhundertfünfundzwanzig, vermochte er zu sagen.

Die eigene Stimme war wie ein Mißklang in seinen Ohren. Auch das noch! Und er quälte sich erneut.

– Es belästigt Sie ein wenig, nicht wahr? Verzeihen Sie ...

Die Hand und der Unterarm waren vom Druck gerötet. Trotzdem pumpte er von neuem Luft in die Armmanschette und wiederholte die Messung.

– Kein Zweifel. Genau einhundertfünfundzwanzig.

Er löste die Blutdruckmanschette und betrachtete einen Augenblick die Spuren, welche die straffe Binde auf der weißen Haut hinterlassen hatte. Er fürchtete, weich zu werden. Und zwang sich zum Widerstand.

– Hätten Sie die Güte … Ich möchte eine Röntgenuntersuchung vornehmen. Es dürfte nichts zu sehen sein! Und dennoch …

Beide betraten die Dunkelkammer, nur von einem bläulichen, schwachen Licht geleitet. Sie war halb entkleidet, benahm sich aber natürlich und furchtlos, von der Vorstellung überzeugt, daß er neutral und nützlich war wie die Apparate, die er bediente. Und wie um diese Annahme zu bekräftigen, nahmen die kraftlosen Hände des Arztes die Bleischürze des Radiologen von einem Kleiderhaken und bedeckten den unpersönlichen Vorgang mit noch unbezwinglicherer Reinheit.

– Bitte steigen Sie hier hinauf. Aber Vorsicht mit dem Kopf …

Unwillkürlich wiederholte er die gewohnten Redewendungen. In seinem Innern bestand keine Möglichkeit der Verschmelzung zwischen Gefühl und Routine.

Behende stellte das junge Mädchen sich auf die Stufe und wurde von der Leinwand zweigeteilt, wie jene Frauen auf den Jahrmärkten, die von Zauberkünstlern zerstückelt werden. Der Arzt hatte nie auf diese Einzelheit geachtet. Und er errötete, als er wahrnahm, daß seine Sinne ihn hintergingen und sich von einer

Wirklichkeit einfangen ließen, die ihnen eine ganze Ethik verwehrte. Nein. Er hatte nicht das Recht, die Grenze zu überschreiten, die das weite Feld seines Berufslebens vom Brachland der Gefühle trennte ... Doch schon hatten seine Finger auf den Lichtknopf gedrückt.

Wie durch Zauberei verschwand sie plötzlich in der Finsternis, der Vorhölle einer Ungewißheit, die auf diese Weise vollständiger war.

Wie merkwürdig die Stille und Vertraulichkeit, die jetzt beide umgaben! Welches Parfüm mochte das junge Mädchen benutzen?

Dieser Gedanke ließ ihn erzittern. Der Arzt und der Mann in ihm lösten einander in Windeseile ab. Und da der Mann die Oberhand gewann, schaltete der Arzt hastig den Strom ein.

Ein Viereck, welches das Leben der in diesem Augenblick zu einem Gespenst verminderten Patientin zusammenfaßte, stand jetzt vor seinen strengen, betörten Augen. Das Bild war alt, uralt in seinem Gedächtnis. Ein Brustkorb. Eine Fotografie, die er seit seiner Universitätszeit immer wieder sah, in Büchern dort oder auf Röntgenaufnahmen, und die trotz möglicher Abweichungen immer die gleiche war. Die Bronchien, das Rippenfell, die Lungenflügel ... Doch trotzdem waren seine Augen nach wie vor von Überraschung gebannt. Was für ein wunderbares Schauspiel, sie von innen zu sehen, die Wärme des Lebens mit der Hand zu berühren!

Unzüchtig schickten sich seine Finger an, die Schatten der Sinnestäuschung zu streicheln. Und erst, als die Haut Glas fühlte, erhob der Arzt ungehalten Einspruch.

– Tief atmen.

Der Schatten der Rippen stieg fächergleich an, die Wölbung des Zwerchfells flachte ab, und plötzlich leuchtete in der Tiefe eine spitz zulaufende Sackgasse auf. Linkerhand pochte eine zapfenartige Masse langsam und gleichmäßig. Das war das Herz.

Das Herz! Für wen mochte es schlagen?

– Bitte husten ...

Weiße Zonen weiteten sich, das in Bewegung gesetzte Massiv beschleunigte die Gangart, und schließlich kehrte alles zum Anfangsrhythmus zurück.

– Noch einmal, bitte ...

Neuer Aufruhr, neues Leuchten, und danach Friede.

– Drehen Sie sich um!

Zart berührte er ihre Hüften, half ihr beim Umdrehen, rückte das Gerät in die Mitte und schaltete es wiederum ein.

In der neuen Stellung warfen die Brüste nicht mehr den Schatten, der noch kurz zuvor die Beobachtung beeinträchtigt hatte. Schon brauchte man sie nicht mehr um Erlaubnis zu bitten, sie einfach zu heben und die bereits bekannte Enttäuschung erneut zu erleben. Unbußfertig hatte die begierige Hand sich hinter die Projektionsfläche geschoben. Bei der

Berührung des runden bebenden Fleisches sandten die Nerven den Sinnen eine bestürzende, sündhafte Botschaft zu. Aber die Augen auf dieser Seite sahen enttäuscht, daß es sich um den Alptraum fünf ausgestreckter Fingerglieder handelte.

– Bitte husten ...

Die Kaverne war vernarbt, die Atembeweglichkeit war normal, Verwachsungen waren nicht festzustellen.

– Sehr gut, Sie können sich anziehen.

Er blickte sie zärtlich an und fühlte sich von der Ironie des Schicksals verletzt. Während er die Schnalle löste, sich von der Schutzschürze befreite und damit in die Befindlichkeit eines normalen Menschen ohne schützenden Keuschheitsgürtel zurückkehrte, legte sie wieder ihren ganzen weiblichen Panzer an, angefangen bei der Bluse, unter der sie die indiskreten Träger des Unterkleides verbarg, bis zum Puder, mit dem sie die geringfügigen Unebenheiten des Gesichts bestäubte.

Seltsame Mutlosigkeit begann sich seiner zu bemächtigen. Der klinische Fall war abgeschlossen, jetzt konnte er ganz und gar ein sinnenfrohes Tier sein, nichts hinderte ihn mehr daran, den unbefangenen Verführungstrieb in sich aufkeimen zu lassen. Und dennoch war es unmöglich, den Anlaß dieser Begegnung zu überschreiten und dem natürlichen Ablauf der Dinge Gewalt anzutun. Die Wörter allein übernahmen die Aufgabe, als Gegengift zum Zauber zu wirken.

– Also, Herr Doktor?

– An der Lunge ist nichts. Und das Übrige ist ohne Bedeutung. Funktionelle Störungen, sehr häufig bei empfindsamen Menschen …

– Ich möchte, daß Sie mir die Wahrheit sagen!

– Glauben Sie mir, Senhora, ich spreche vollkommen offen …

– Wie schön! Ich hatte solche Angst …

Die kindliche Anmut ihrer Antwort erfüllte ihn für Augenblicke mit widersinniger Hoffnung. Leider hatte sie das Ankleiden beendet, und entrückte zunehmend in Ferne und Fremdheit. Das Schicksal hatte sie zu ihm geführt und ihr vielleicht die ursprüngliche Krankheit auferlegt, damit er ihr eines Tages begegnen könnte, um sie aber gleich darauf ebenso sinnlos wie unerbittlich wieder ins Meer des Lebens entgleiten zu lassen. Noch wenige Sekunden und sie würde die Treppe hinuntersteigen und auf der Straße für alle Zeiten verschwinden.

– Sie können ganz beruhigt sein, Senhora …

Verzweifelt blickte er sie an.

Wieder war sie so seltsam und verführerisch, wie sie eingetreten war. Sie saß auf demselben Stuhl von vorhin, und hatte wieder ihre beiden zappeligen Beine vergessen, die für sich allein spielten.

Die Sprechstundenhilfe öffnete von neuem

die Tür, neutral, völlig unbeteiligt an dem geheimen Gewitter.

Sie ging in den hinteren Raum, kehrte zurück und verließ unauffällig das Sprechzimmer.

– Ich werde Ihnen Tropfen verschreiben …

Er schrieb, gab einige Empfehlungen und sprach von Drüsenstörungen und Stoffwechsel mit einer warmen Stimme, die er seiner Brust gefühlvoll entströmen fühlte, die sie freilich nur als reinen Luftzug empfand.

Welche Probleme hatte sie, welcher Mann würde sie eines Tages besitzen, was würde sie tun und wohin würde sie gehen?

Er war Junggeselle, keine einzige Frau hatte ihn bisher so beunruhigt, vielleicht sollte er sich an diese Rettungsplanke, die der Zufall ihm bot, klammern … Aber in wenigen Minuten würde er sie unwiderruflich verlieren.

– Sollten Sie noch einige Zeit hierbleiben, könnten wir in einigen Monaten eine neue Untersuchung vornehmen … Lediglich aus Vorsicht …

– Ich reise morgen ab …

– Ach so! Nun, es ist auch nicht unbedingt nötig … Die Lunge ist in Ordnung … Im übrigen können Sie sich überall von einem Kollegen beraten lassen … Wie ich Ihnen schon sagte, es liegt kein Grund zur Beunruhigung vor … Immerhin empfiehlt es sich, den allgemeinen Gesundheitszustand von Zeit zu Zeit überprüfen zu lassen … Und immer Stärkungsmittel nehmen. Kalzium, Vitamine …

Er wollte sie so lange wie möglich aufhalten, achtete jedoch gleichzeitig darauf, daß seine Worte nur das berührten, was ihr unmittelbares Interesse betraf.

Aber lag es denn nicht auch in ihrem Interesse, ihm das Gefühl zu geben, einen Stein auf die stille, schwere Oberfläche eines Lebens geworfen zu haben?

Das tat es mit Sicherheit nicht. Daher erhob er sich, reichte ihr das Rezept mit einer leichten Gebärde der Endgültigkeit, und lächelnd verstand sie. Schon beherrschte sie ihre beiden zappeligen Beine, stand gleichfalls auf und verwahrte das Papier in ihrer Handtasche, in die er einen kurzen Blick warf, um die letzte ihm gewährte Gelegenheit zu nutzen, sie kennenzulernen.

– Bezahle ich draußen?

– Ja, bitte …

Nun war alles vorbei. Es war unmöglich, sie auch nur eine Sekunde länger zurückzuhalten.

– Einen schönen Tag noch.

– Einen wunderschönen Tag noch.

Der geschmeidige Körper wogte vor seinen ratlosen Augen dahin und entzog sich ihm langsam, bis er völlig entschwand.

Das Letzte, was er von ihr sah, war eine Haarsträhne, blond, warm, fein, die beim Durchschreiten der Tür einen Augenblick unentschlossen zu verharren schien.

Die weiße Grille

– Gibt es weiße Grillen in eurer Gegend?

– Nein. Es gibt Löwen …

– Und hast du welche gesehen?

– Nein. Nur gehört.

Die beiden saßen nahe am Feuer, vor dem großen Ofen, in dem das Brot buk, und sahen auch die weiße Grille nicht, die in der Wärme der Wand sang. Sie hörten sie nur

– Brüllt er laut, der Löwe?

– Er bringt alles zum Erbeben.

Jetzt machte das sanfte und leise Trillern die gemütliche Stimmung noch verführerischer.

– Fällt dort Schnee?

– Nein.

Seitdem die Kleine gekommen war, bestürmte er sie mit Fragen. Als Entgelt für seine Welt, die er ihr offenbarte, forderte er die Offenbarung der ihren.

– Und Hexen?

– Dort gibt es keine Hexen.

– Hier gibt es welche!

Beide waren zehn Jahre alt. Aber während Violeta Kontinente durchquert hatte, war Rui nie aus Soutelo herausgekommen.

– Der Lehrer von dort sagt, nein.

– Der von hier auch. Aber ich habe sie gesehen!

Sie blickte ihn unverwandt an, und er blickte sie gleichfalls an. Zwei einander entgegengesetzte Kindheiten versuchten sich zu verstehen.

– Echte Hexen?

– Ganz echte!

Ein Angstschauer durchlief den Körper des kleinen Mädchens.

– Frühmorgens im Wald sieht man, wie sie sich die Haare trocknen. Morgen zeig ich dir's ... Tante Rosa ist dabei! ...

Zum Glück sang die weiße Grille im Loch der Ofenwand und milderte den Schrecken.

– Und das Dienstmädchen auch ...

– Die Joana?!

– Genau die. Wie ich sage! Man braucht ihr nur ins Gesicht zu sehen ...

Aus diesen und anderen Gründen sah Violetas Mutter es ungern, daß ihre Tochter ins Nachbarhaus ging. Aber ihr Widerstand war umsonst. Seit das Mädchen Rui kennengelernt hatte, war es völlig aus dem Häuschen.

– Wo warst du?

– Auf der Weide bei den Rindern von Senhor Teodoro.

Wohlerzogen wie eine Dame war sie aus Afrika gekommen. Doch nach Ablauf eines Monats schien sie eine andere zu sein.

– Was hast du mit deinem Kleid angestellt?

Es kam keine Antwort, das war aber auch nicht notwendig. Nester, versteht sich!

– Du verdientest eine gehörige Tracht Prügel. Daß du dich nicht schämst, dich wie ein ungezogener Junge aufzuführen! Zieh sofort eine andere Schürze an, dumme Gans!

Sie hatte gute Lust, sie zu versohlen, aber dazu fehlte ihr der Mut. Auch sie war in ihrem Alter ein Tunichtgut gewesen. Auch sie war vor der Mutter ins Haus von Teodoros Vater geflohen.

Wohin sollte das führen! Wenn die Zeit doch wenigstens Falten in die Erinnerung grübe wie ins Gesicht ...

Während sie Blumen im Garten pflückte, sah sie den Kinderfreund von damals in seinem Garten Mais aussäen. Hochgewachsen und blond schritt er neben der Furche wie ein Fruchtbarkeitsgott, der neues Leben verstreut. Und ihr Herz zog sich zusammen. Sie hatte ihn gegen einen Schreiber des Bezirksamts eingetauscht, der sie, zum Leiter einer Dienststelle im Land der Schwarzen befördert, aus ihrer Heimaterde gerissen und auf tropischen Boden verpflanzt hatte. Aber sie hatte die Erinnerung an jene Kindheit, die nun ihre Tochter und Teodoros Sohn wiederholten, nicht auszulöschen vermocht.

Aus Gesundheitsgründen war sie mit ihrer Kleinen zurückgekehrt. Ihr Mann, der Ärmste, war dort geblieben, um die Steuern in den Strohhütten einzutreiben. Indessen war ihr Kindheitsflirt auch verheiratet, hatte Kinder gezeugt und erfüllte sein Schicksal ehrenhaft, indem er seinen Acker bestellte. Nach ihrer Rückkehr hatte sie sehr förmlich mit ihm gesprochen, und nichts hatte verraten, daß von dem vergangenen Feuer beiderseits wenigstens ein Funken Glut übrig geblieben wäre. Dafür war im Herzen der beiden kindlichen Nachfahren die Flamme wieder erwacht.

Der Mais, den Teodoro säte, als sie ankam, ging auf, wuchs und reifte. Dann kam der Winter und der Schnee, den sie sich kaum mehr hatte vorstellen können. Allein am Feuer sah sie ihn aus einem tiefhängenden, hoffnungslosen Himmel auf die Erde fallen. Ihre Tochter saß natürlich am Feuer des Nachbarn und hörte sich Ruis Verstiegenheiten an!

– Sie sieht so gütig aus … – wagte Violeta zur Verteidigung der lahmen Joana Manca einzuwenden.

– Trau ihr nicht über den Weg! …

– Sie steht immer in der Küche …

– Aber nicht nachts! Da tun sich alle auf dem Friedhof zusammen und halten ihr Gelage ab. Vor einiger Zeit gossen wir die Pflanzen in der Nähe vom Kreuz der Seelen, ich hielt die Lampe, und es war wie auf einem Jahrmarkt! Sie lachten, klatschten in die Hände, riefen den Teufel an … Jedenfalls sagte mein Vater sofort zu mir: Hab keine Angst! Wenn sie sich mit uns anlegen wollen, werden sie was erleben! …

Das Klopfen an der Haustür rief sie in die Wirklichkeit eines weniger abenteuerlichen Lebens zurück.

– Violetinha! Deine Mutter läßt dir sagen, du sollst zur Vesper kommen. Und zwar sofort! Auf der Stelle!

Beide vergaßen die Hexen und ihr Haar, das sie auf den Stechginsterbüschen zum Trocknen ausbreiteten. Eine plötzlich aufwallende neue Besorgnis bemächtigte sich jetzt der Einbildungskraft des kleinen Mädchens. Hastig schlüpfte sie in ihre Pantoffeln, während sie die Vorstellung in Worte kleidete.

– Wenn ich fortgehe, will ich eine von den Grillen da mitnehmen ... – sagte sie schließlich, als würde sie eine Bitte an ihn richten.

– Wann ist das?

– Im Frühling.

– Au ja! Wir basteln ihr einen Käfig, tun Sägemehl hinein und Salatblätter ...

Erst jetzt bemerkten sie, daß es in dem Loch, aus dem der Triller tönte, still geworden war.

– Schau, sie hat zugehört! – warnte Rui und dachte an die Löwen, die Schwarzen, an die Krokodile und an all die schreckenerregenden Dinge, von denen sie ihm erzählt hatte.

– Und wird sie denn dann dort singen?

Eine Zeitlang verharrten sie unschlüssig, sie wollte nicht fortgehen, und er wollte nicht antworten. Schließlich brachte der stärkere der beiden, der Junge, den Mut zur Enttäuschung auf. Und er sagte leise:

– Vielleicht singt sie nicht.

Der Richter

– Und?

– Ich bin erster geworden ...

Was alle Welt erwartet hatte. Keiner der anderen Mitbewerber hatte vergleichbare Vorzüge. Bernardo war immer ein Musterstudent gewesen. Kommilitonen und Dozenten rechneten mit ihm als künftigem Hochschullehrer. Unerklärlicherweise hatte er die Einladung hierzu zurückgewiesen und sich als Anwalt niedergelassen. Aber er fühlte sich in seiner Kanzlei nicht wohl. Und er versuchte, einen anderen Weg einzuschlagen.

– Also dann, Herr Richter?!

Das feierliche Wort glitt über den feuchten Marmor des Caféhaustischchens und fiel fast auf den Fußboden. Rechtzeitig fing ein anderer Freund es auf:

– Du hast gut daran getan! Der Richterstand ist genau auf dich zugeschnitten.

– Wir werden sehen ... – sagte Bernardo in seiner bescheidenen, entrückten Art.

Plötzlich schwenkte die Unterhaltung in eine andere Richtung ab, und der Ausdruck der neuen Würde auf seinem Gesicht ließ nach.

Richter! Allgemein gesehen war der Fall nichts Besonderes. In der willkürlichen Welt der Ideen wanderte sein Geist ungehemmt dahin. Das Fällen von Urteilen war schlicht der logische Abschluß eines eingehenden geistigen, sittlichen und gesellschaftlichen Verfahrens. Das Gesetz ...

Die Wurzeln des Problems lagen hier, im Gesetz. Doch in Anbetracht dessen, daß eine durchorganisierte Gesellschaft Verhaltensregeln benötigte ...

Die Freunde standen einer nach dem anderen auf und verließen das Café. Carlos, der Lehrer. Paulo, der Arzt. Julião, der Ingenieur. Alle erfahren auf ihrem Gebiet ...

– Nochmals, meinen Glückwunsch!

– Danke.

Alleingelassen riß der Faden der Betrachtung widersinnigerweise auf der Haspel. So zahlte er seinen Café und ging.

Seine Frau erwartete ihn. Er hatte ihr ein Telegramm geschickt, sobald er das Ergebnis erfahren hatte, wußte aber, daß nur seine körperliche Nähe ihr ungeteilte Freude gewähren würde. Merkwürdig, wie konkret Frauen dachten!

Er dagegen nicht. Eine organische Unfähigkeit hinderte ihn gleichsam daran, die Dinge mit den Händen zu greifen. Der Sohn zum Beispiel: den noch in den Nebeln der Entstehung verweilenden Sohn vermochte er nicht als menschlichen Körper zu sehen. Die schwangere Carlota jedoch nähte schon an der Babyausstattung.

– Gefällt es dir? – fragte sie.

Nutzlos. Er mochte sich noch so anstrengen, er war außerstande, das Hemdchen ein wirkliches Lebewesen umhüllen zu sehen. Und der kleine Raul, denn einen Namen besaß er bereits, verlor sich in der Unwirklichkeit. Manchmal verfolgte ihn das sonderbare Gefühl, ohne Vergangenheit zu leben. Selbst sein Ehestand kam ihm fremd und illusorisch vor.

– Bernardo!

Zum Glück weckte ihn die vertraute Stimme und überzeugte ihn vom Gegenteil.

– Das Mittagessen steht auf dem Tisch.

Eine verteufelte Veranlagung!

Er wohnte in einem Vorort der Stadt, in einem durch mehrere Verkehrsmittel erreichbaren kleinen Dorf. Eisenbahnzüge, Triebwagen, Busse. Aber er fuhr immer im Taxi. Motorenlärm jagte ihm Angst ein. Er gestand rückhaltlos, daß jenseits der Zahl Zwei Panik bei ihm einsetzte; bei Drei begänne bereits das Entsetzen. Die Menschenmenge – eine vollständige Katastrophe.

Die offene Landschaft lächelte ihm durchs Wagenfenster entgegen. Dichtbelaubte Bäume, blühende Maisfelder, flammender Weizen. Dennoch schützte er sich in der Polsterecke des Wagens gegen sie. Eine reine Vorsichtsmaßnahme.

– Links, und dann gleich das erste Gartentor.

In ihrer doppelten Gegenwart öffnete seine Frau ihm die Tür.

– Herr Doktor Richter! … – Und sie verbeugte sich tief.

Er lächelte leicht errötend, küßte sie, und verbrachte den restlichen Nachmittag mit dem Ordnen seines Briefwechsels.

Er wollte seinen Triumph nicht an die große Glocke hängen. Seinem besten Freund indes konnte er eine Nachricht nicht vorenthalten. Daher schrieb er einfach: «Wisse, daß ich mein Leben ändern werde. Ich habe mich für das Richteramt beworben und kam auf den ersten Platz. Wo ich eingesetzt werde, weiß ich noch nicht.»

Nach dem Abendessen, das in völlig unauffälliger Feierlichkeit ablief, da alles, was gegessen und gesagt wurde, das Übliche war, zog er sich wie immer in sein Arbeitszimmer zurück, seine gedankliche Zuflucht, wo die Wände mit prallgefüllten Bücherregalen verkleidet waren. Alles, was in der Rechtsprechung Rang und Namen besaß, war hier vertreten. Gesetzbücher, Abhandlungen, Doktorarbeiten, Richtersprüche … Die normative Geschichte der Menschheit in Artikeln und Absätzen. Seine Frau hatte diese justinianische, napoleonische, gerichtliche und gewohnheitsrechtliche Welt mit Kattun verschönert. Aber die aufgedruckten Blumen waren verblichen. Unveränderlich blieb nur das Glas Milch, das sie ihm auf den kleinen Ecktisch stellte, damit er es vor dem Schlafengehen trank. Seine Mutter hatte diese rituelle Geste an ihre Schwiegertochter weitergegeben, und so war diese Gegenwart in seinem Geist gewissermaßen zu einer reinen Idee verblasst. Immerhin hatte er sich nie ganz dem abstoßend konkreten Charakter der weißen Flüssigkeit zu entziehen vermocht.

Drinnen schlug die Uhr die Stunden, und nach und nach verhallten die häuslichen Geräusche. Endlich brach die tiefe Nacht herein, und mit ihr die fürs Studieren so fruchtbare Stille.

Verantwortung, Schuld und strafrechtliche Zurechnungsfähigkeit …

Welch teuflische Trilogie gleich auf der ersten Seite der Zeitschrift! Schon der Druck der Wörter wirkte wie ein Urteil …

Sollte es denn wirklich über die Buchstaben des Gesetzbuches hinaus eine strafrechtliche Verantwortung geben? Folglich die Verpflichtung, eine Beleidigung wiedergutzumachen, eine Strafe zu verbüßen?

Und wenn es sie gab, was lag ihr zugrunde? Das eigene Ermessen?

Die übliche Beweisführung war folgende: Der Mensch besitzt die Freiheit, zwischen zwei Verhaltensweisen zu wählen: zwischen der guten und der schlechten. Entscheidet er sich für die schlechte, muß er die Folgen seiner Tat erleiden. Es ist nur gerecht, daß er gezwungen wird, den in der sittlichen Ordnung der Gesellschaft angerichteten Schaden wiedergutzumachen …

Für alle praktischen Zwecke mußte es vermutlich so sein. Nur überging man dabei das Tragische an der Sache. Hatte das Individuum im Augenblick der Verurteilung nicht bereits die wesentliche Freiheit verloren, die ihm im Augenblick der Ausführung des Verbrechens zugestanden wurde, und die Voraussetzung für die Schuldzuweisung und Grundlage der verantwortlichen Zurechnungsfähigkeit war?

Plötzlich zersplitterte die das Milchglas bedeckende Untertasse auf dem Fußboden. Und Bernardo, brutal aus seinen Betrachtungen gerissen, konnte noch eben den Schatten einer erschrocken fliehenden Maus sehen.

Da lag das Problem! Jetzt begriff er …

Er stand auf. Der Täter hatte sich zwischen zwei Schmökern des Gerichtsverfahrens versteckt, sollte aber für seine Handlungsweise zur Rechenschaft gezogen werden. Für die Bücher, die er zernagt, das Sofa, das er beschmutzt hatte, und die Untertasse, die in Scherben auf dem Fußboden lag.

Mit einer Taschenlampe und der Kaminschaufel bewaffnet, rückte Bernardo zum Angriff vor. Und kurz darauf vom Lichtschein gebannt, war der Straftäter seiner Gnade ausgeliefert.

Lebendig und rastlos maßen zwei Äuglein die Gefahr und berechneten die Wahrscheinlichkeit einer Rettung. Doch nichts.

Hinter ihr die Wand, auf den Seiten die Kolonne der Gerichtsschwarten, vor ihr der Richter.

Verurteilen … Das Verhängnis beruht darauf, daß genau dann, wenn das Urteil gefällt wird, der Verstand stets auf Seiten des Verbrechers steht. Schutzlos ist jedes Wesen im Recht.

Zur Winzigkeit einer Maus herabgestiegen, verharrte die Menschlichkeit im Wartezustand. Und Bernardo schaltete die Taschenlampe aus.

Eine Zigarette

– Hast du Tabak mitgebracht? – fragte er, noch bevor seine Frau den Korb abgestellt hatte.

– Nein.

– Dann geh mir aus den Augen!

– Ach Mann! – sagte sie weinerlich.

– Ich habe es dir doch aufgetragen!

– Ich habe alles abgegrast, mein Gott ... Ich bin sogar bis nach Sabrosa gelaufen ...

– Fort mit dir!

– Iß wenigstens deine Suppe ...

– Du willst Ärger? Den kannst du haben! Hat dir die Kostprobe von gestern nicht gereicht? ...

Die arme Leonore trocknete ihre Tränen in der Schürze und ging denselben Weg zurück; Leopoldo rodete weiter den Wald.

Was hatte er nur? Was war das für eine Wut? Glich die Axt in seinen Händen nicht einer Waffe? Sogar die Pinien stöhnten ganz anders!

– Willst du oder willst du nicht? – raunzte er vor sich hin, wenn ein Stamm Widerstand leistete. – Ich werd dir was erzählen!

Und die Schneide zerschnitt die Luft in der

Form einer Parabel und grub sich in das weiße Fleisch des Unglücksbaums.

– Und nun?

Am Kernholz getroffen, erlebte der Stamm eine kurze Illusion der Freiheit, zögerte einen Augenblick und begleitete dann das Astwerk auf seinem wehrlosen, dramatischen Sturz.

– Was zum Teufel ist nur mit mir los?

Er war seit dreißig Jahren Holzfäller. Aber nie hatte er Haß in seine Schläge gelegt. Gefällt hatte er, jedoch mit Liebe.

– Heda, Aufmüpfiger! Das nennt sich ein guter Wuchs, wie! Hab doch ein Einsehen …

Wahrhaft liebevoll fuhr er mit der schwieligen Hand über den Rücken des braven Tiers und versetzte ihm den Gnadenstoß.

Heute jedoch war von Zärtlichkeit, und sei es auch nur ein Anflug von Zärtlichkeit, keine Rede mehr!

– Was, wie bitte? Du spielst wohl das Schlitzohr?

Und ohne Atem zu holen, stürzte er sich wutentbrannt auf den Baumstumpf des Unglücksrabens.

Er schwitzte wie ein Ochse. Und das rinnende Harz klebte seine Hände an den Stil des Werkzeugs fest.

– Ein Hundeleben!

Auf dem Erdboden war der zuletzt Besiegte eingegangen. Die Zuckungen seines Herzens waren eine nach der anderen verebbt, zunächst im Stamm, sodann in den Ästen, schließlich in den Nadeln: zuguterletzt lag er reglos wie die anderen Brüder und mit ihnen verschlungen.

– Ein Hundeleben!

Er stand da und sah sich die Sterblichkeit an. Ein Gewirr aus schlanken Leibern, am Fuß verkrüppelt, mit noch blutenden Wunden.

Kriege, Wahnsinn, und das Ergebnis war, daß es keinen Tabak gab und kein Maß in der Zerstörung.

Schon seit zwei Jahren war die Razzia im Gange. Vorher fällte man eine Kastanie, eine Buche, eine Eiche oder ein halbes Dutzend Pinien, für den Bretterbestand der Tischlerwerkstatt von Hinz und Kunz, man maß die Stämme, berechnete ihr Alter und fällte sie nur bei Mondschein, wenn der Saft willig war. Aber jetzt …

Mochte die Seele noch so gefühllos und hart sein, diese Verwüstung konnte einen nicht kalt lassen. Alles war gut genug. Was nicht als Tischlerholz diente, gab Deckenbalken her, und was nicht als Deckenbalken diente, lieferte Pfähle für die Bergwerke, und der Rest Brennholz. Früher blieb von einem abgeholzten Wald immer ein Wald übrig. Aber jetzt …

Langsam ließ er die Augen schweifen. Nichts! Ein Friedhof. Wie eine einsame Vogelscheuche stand nur eine einzige verkümmerte Pinie da, an die er seine Jacke gehängt hatte. Er hatte sie zu diesem Zweck verschont, und die größeren Brüder hatten sie in ihrer Wut noch grausamer entstellt, ihr die Krone und Hautfetzen abgerissen.

– Ein hübsches Panorama, kein Zweifel!

Er spuckte aus. Sein Mund fühlte sich rauher an als ein Stück Rinde. Und eine solche Lust aufs Rauchen!

Er machte ein paar Schritte, blickte das neue Opfer kaltblütig an, lehnte seine Axt an den Stamm und ging etwas trinken.

Er hatte die Flasche in der Jackentasche verwahrt, und der warme Wein stieß ihm übel auf.

– Gottverdammte Tage gibt es!

Er ging zurück und nahm seine Arbeit wieder auf. Bei diesem Geschäft legte er drauf. Und wie! Er mußte viel Glück haben, um seine Rechnung im Kaufladen begleichen zu können. Daß er der ewig arme Schlucker, der elende Hund bleiben mußte! Seit fast dreißig Jahren setzte er seinem Leib zu und wurde immer ärmer dabei. Schau dir mal die Lumpen an! Was für eine Hose! Was für ein Hemd! Ebenso fertig wie die Niederung von Fermentões. Jede Handbreit ein Flicken.

– Gott steh Ihnen bei!

Blitzschnell drehte er sich um.

– Hätten Sie eine Zigarette für mich?

– Ich rauche nicht.

Der andere trabte unerschüttlich auf seinem Esel weiter, bis er hinter der Wegbiegung verschwand. Danach war alles von großer Stille und großer Einsamkeit verhüllt.

Ob vom Wind oder aus Angst, die Pinie, auf die er nun losging, schwankte wie eine Weidenrute.

– Zittere nicht!

Leicht gesagt! ... Kaum hatte er ihr den ersten Hieb versetzt, als die Ärmste wie ein Kind zu weinen begann. Weil er voller Wut auf sie einschlug.

– Schönen guten Tag! – hörte er vom Weg herüber.

– Rauchen sie?

– Früher habe ich geraucht, früher einmal ...

Schließlich machte er dem armen Baum den Garaus, der wand sich in der Luft, schwankte und stürzte wie eine Kröte zu Boden.

– Nein, so kann es nicht weitergehen!

Er zog die Jacke über, schulterte die Axt und machte sich durch das Bergland auf den Weg. Komme, was da wolle!

Er durchquerte ein mit Schilf bewachsenes Tal, erklomm einen von weißem Ginster beschatteten Hügel, setzte über zwei Mauern, schritt über einen Bach, doch kein Mensch! Ach! Aber wer wagt, gewinnt!

Er stammte nicht aus der Gegend. Wie ein wandernder Jude durchstreifte er das Land auf der Suche nach Arbeit. Wenn er in ein Dorf kam, suchte er sich eine Akkordarbeit, mietete einen Schweinestall, brachte seine

Frau darin unter und packte seine Arbeit an. Daher kannte er keine Menschenseele.

In der Ferne rauchte eine Ortschaft. War das Francelos oder Samodães?

Er beschleunigte den Schritt, schnitt linkerhand den Weg ab und bog in eine Schneise ein. Vielleicht auf der anderen Seite des Hügels ...

– Was für ein Unsinn! So eine Schinderei!

Und wirklich, auf der anderen Hangseite, einem Hirsefeld, das einem grünen Band im Ginsterdickicht glich, war jemand. Dort war jemand und rauchte! Seine gierigen, entzückten Augen erkannten die bläulichen Rauchwellen, die dem Mund des Landmanns entwichen und sich im weiten Himmelsblau verloren.

Vorsichtig und voller Hinterlist näherte er sich ihm.

– Also dann, einen schönen Nachmittag!

– Gott sei mit Ihnen!

Der Raucher erschrak nicht. Er reckte sich über seine Hacke und zog den Hut. Auf seinen trockenen, rissigen Lippen leuchtete der Zigarettenstummel.

– Wären Euer Gnaden Manns genug, mir eine Zigarette zu geben?

– Das bin ich, jawohl Senhor!

Er steckte die Hand in die Westentasche, zog das Päckchen hervor und streckte es ihm entgegen.

– Bitte schön!

Dann reichte er ihm Feuer. Er näherte sein

Gesicht dem des anderen, und Leopoldo hatte das Gefühl, dessen Atem einzusaugen.

Stumm zog der Holzfäller ein, zwei, drei Mal gierig den Rauch ein, und Frieden durchströmte ihn. Endlich befriedigt, stellte er mit einer Gebärde der Erleichterung die Axt auf die Erde, setzte sich und dankte:

– Sie wissen nicht, welchen Gefallen Sie mir getan haben! Hätten Sie mir die Zigarette verweigert, wir beide wären unglücklich geworden!

Der andere lächelte leichthin, tat seinerseits einen Zug und erwiderte halb verschämt:

– Ich weiß, wie das ist. Gestern, halb wahnsinnig vom Laster, habe ich hier, auf diesem Ackerstück, fast meine Frau beerdigt. Wäre sie nicht rechtzeitig auf und davon gerannt ...

Jetzt aber waren sie zwei friedfertige, brave Männer, natürlich und brüderlich wie die Landschaft. Und sie schieden in Sanftmut.

Der Feigling

Als Paulo ankam, versperrten bereits zwei Menschenketten wie zwei Hecken die Ausgänge der Querstraße zur breiten Allee. Polizisten waren in regelmäßigen Abständen von einigen Metern postiert und wirkten dadurch wie schwarze Holzpfosten, die das Gebüsch eindämmten.

– Hier können Sie nicht durch! – sagte einer von ihnen in seiner litzen– und quastenverzierten Paradeuniform.

– Ich hab's aber eilig ... – stöhnte Paulo, und flehte mit Unglücksmiene um Nachsicht.

– Befehl von oben.

– Und wenn der Zug auf sich warten läßt? Soll ich dann den ganzen Tag hier schwitzen?

– Was habe ich damit zu schaffen?

Er machte kehrt, rückte seinen Dolman zurecht, glättete mit der rechten Hand den weißen Handschuh der linken Hand und blieb starr wie ein Standbild stehen.

– Da habe ich mir was eingebrockt!

Die Unmutsbezeugung schien in Ausdruck und Inhalt alltäglichen, häuslichen Umständen nahezukommen. Und der Polizist hörte nicht einmal hin. Höhere Bedeutung bezwang die Zeit und verwandelte die Stunde in die unvergleichliche Leere der Geschichte, in den vom Triumphzug des Ereignisses hinterlassenen Hohlraum der Wirklichkeit.

Nun stellte Paulo seinen Koffer ab. Er hatte den Polizisten durch seine Handlungsweise verpflichtet. Zumindest stand er da nicht mehr aus eigenem Antrieb. Er hatte sich dem Befehl der Obrigkeit gefügt. Wenn er ein Schicksal trug und fühlte, war er zum Teil von dessen Gewicht entlastet. Er konnte daher den Zufall vervollständigen und sich für Augenblicke jeder Verantwortlichkeit entledigen.

Wie beruhigend es war, so erleichtert zu leben! Wäre ihm der Durchgang erlaubt worden, er wäre prahlerisch, eigenwillig an den Alptraum gekettet geblieben, ohne Augen, um die Anteilnahme aller mitzuerleben, die ansteckende Neugierde der Menschenmenge, die, gefesselt und gebannt wie bei einer spiritistischen Sitzung, nichts war als ein Glaube und ein Verlangen.

Selbst die Fahnen, die er mit entspannter Unbefangenheit ansah, erwiesen sich als neue bunte Verlockung. Schließlich konnte er feststellen, daß eine jede von ihnen, unabhängig von dem Vaterland, das sie versinnbildlichte, irgendeine Farbe ohne jede Bedeutung zeigte, eine für die Augen wohltuende Farbe – grün, gelb, blau -, die nichts mit übertragenen Vorstellungen zu tun hatte.

– Drängeln Sie bitte nicht so!

– Verzeihung, ich habe aber nicht gedrängelt! Sie täuschen sich.

Dann und wann wurde die Hecke von einem lebhaften Beben mangelnder Disziplin erschüttert. Und da sich niemand für diese unwillkürliche Bewegung verantwortlich erklären wollte, schrieb ein jeder das Durchbrechen der Regungslosigkeit dem Nachbarn zu.

Sein Koffer rührte sich nicht vom Fleck. Er stand da wie ein in sich versunkenes Wesen, seiner eigenen Macht uneingedenk.

Eine Woge der Begeisterung, die von weither kam, brandete die Allee herauf und steckte das Volk an.

Sonderbar, diese kollektiven Reaktionen! Die Unbestimmtheit eines jeden in seinem ureigensten Leben, und die unumschränkte Gewißheit von Menschenansammlungen, Herdenleben! Ruhte nicht hier, in diesem Widerspruch, der Beweis dafür, daß die Massen rein gefühlsmäßig handelten, mitgerissen von Kräften, die sich jeder kritischen und reflektierten Vernunft entzogen?

Die ersten Herolde des Zugs marschierten bereits vor den neugierigen Augen der Menge vorüber. Panzerwagen in Kampfformation, grau, kalt und mechanisch. Blutjunge Soldaten, die Waffe im Anschlag, saßen mit düsterem Blick darin.

Geschichte. Später würde man in einem Handbuch lesen: «Am soundsovielten des Jahres soundso besuchte ... Die politische Bedeutung des Ereignisses wurde nicht ganz erreicht, da ...»

Ein daneben abgedrucktes Foto sollte einen Eindruck von der Kundgebung vermitteln. Ein statisches, verzerrtes Foto mit lächerlichen Gestalten, lächerlich infolge der Bärte, der Kragen und der Röcke. Von der wirklichen Begeisterung – den Schreien, Ohnmachtsanfällen, Hochrufen und dem Beifallklatschen – nichts! Die Seele der Komparsen der Geschichte geht nicht in die Geschichte ein. Es heißt nur: «Der König war ein fanatischer, bigotter, erzgrausamer Mensch. Höchstpersönlich wohnte er den Ketzerverbrennungen bei. Bei einer dieser Anlässe wurden zehn Verurteilte verbrannt. Der König sah von einem eigens dafür errichteten Podium aus bei der Hinrichtung zu ...» Und nicht ein Wort über die Schreie und Schmerzen der Gemarterten!

Ja, das war ein historischer Augenblick. Und es gab nur ein Mittel, ihm zu entkommen: die Geschichte der Geschichte entgegenzustellen.

Nun rückte das diplomatische Corps in feierlichen Automobilen an. Herren in schmukken Uniformen mit Federhüten und breiten Ordensbändern auf der Brust. Der Botschafter von ... Der Botschafter von ... Der Botschafter von ...

Die Menschenmenge, gleich einem Sumpf, der nur quakt, um die Stille zu füllen, quakte. Die Polizisten salutierten wie Automaten.

Der Koffer auf dem Boden wartete.

– Da, er ist es!

Er war es noch nicht. Die Zeit der Geschichte unterscheidet sich von den Zeiten der Gefühlswallungen. Sie verlaufen nicht einmal parallel. Sie sind auch nicht von gleicher Beschaffenheit. Die Stunden, die Minuten und die Sekunden all der Ungeduld und Neugierde würden zu einer globalen Ewigkeit ohne Dauer und Raum schrumpfen. Das Foto des Handbuchs begleitete nur die Unterschrift: «Der Vorbeimarsch des Festzuges.» Und der Tyrann, der ebenso tot war wie die Menschenmenge, die ihm zugejubelt hatte, würde für alle Zeiten an derselben Stelle vorüberfahren, zeitlos und feierlich. Wie im Begriff des Flusses die Wirklichkeit jedes Baches versinkt, so würde von den Einzelheiten des Ereignisses allein das Ereignis als solches übrigbleiben.

Die Abdankung des Zufälligen vor dem Wesentlichen …

Doch kehren wir zur Grundfrage zurück. Also, es gibt nur eine Art und Weise zu reagieren: die Geschichte der Geschichte entgegenzustellen. Und nun würde im Handbuch eine andere Abbildung mit ihrer neutralisierenden Unterschrift die erste außer Kraft setzen: «Das Attentat.»

Ein Soldat mit übergehängtem Gewehr drängte die Menge zurück, um sein beschädigtes Motorrad von der Allee schieben zu können.

Und Paulo hob seinen vergessenen Koffer vom Boden.

– Vielleicht fehlt nur Benzin! – sagte ein Junge.

– Benzin ist genug drin. Es muß der Vergaser sein.

Der genagelte Stiefel trat vergebens auf den Anlasser. Der Motor rührte sich nicht.

– Er springt nicht mehr an.

– Und nun? – fragte das Kerlchen.

– Nun sollen sie sehen, wie sie zurechtkommen! Ich werde versuchen, meine Maschine in die Kaserne zu schieben.

Gerade als der entscheidende Augenblick nahte, machte er kehrt und rückte ab.

Die Geschichte der Geschichte gegenüberstellen, oder einfach nicht mit der Geschichte zusammenarbeiten?

Das Problem ließ keine abstrakten Lösungen zu. Nur ganz konkret konnte man mit konkreten Handlungen umgehen.

– Da kommt er!

Ein lächelndes, rundes Gesicht, das rätselhafterweise nichts mit der maßlosen Angst, die Paulo empfand, zu tun hatte, kam näher. Eine Beifallssalve brach von allen Seiten los. Die vom gleichen Strom durchpulste Hecke erbebte von einem Ende zum anderen.

Entgegenstellen oder … ?

Fern, in einer der Waagschalen, deren Zünglein sein Gewissen war, fühlte Paulo die Last eines plötzlichen Verzichts. In der schlummernden Hand überließ die Ewigkeit dem Vergänglichen den Vortritt. Er verwehrte sich dem unsterblichen Funken, den er sich erträumt hatte. Nein. Es brach keine Verzweiflung aus.

– Jetzt können Sie ruhig durchgehen, – sagte der Polizist, als er ihn selbstversunken mitten auf der Straße stehen sah.

Aber wohin gehen, welchem Schicksal entgegen? Der Soldat mit dem beschädigten Motorrad schob seine Rechtfertigung durch die Stadt. Die Menge war mit den Beinen in der Luft auf dem Negativ des Fotos festgehalten. Und er?

– Was ist los mit Ihnen?

– Nichts.

– Dann gehen Sie doch weiter! Gehen Sie! …

Wie war es möglich, daß er so kopflos mitten im Leben stand, und nur, weil er es unterlassen hatte, eine kleine Geste zu machen? Im Handbuch würde nicht einmal die Einsamkeit Platz finden, die er jetzt empfand. Noch wenige Sekunden zuvor hatte im Buch eine weiße, leere Seite auf seinen Namen, seine Empörung, seinen Mut gewartet. «Der Terrorist!» Mit oder ohne ausführliche Bildunterschrift würde die Abbildung von ihm, ihn durch die Jahrhunderte der Jahrhunderte am leidenschaftlichen Leben der Menschheit teilhaben lassen! Und all das war nun plötzlich vorbei.

Namenlos und sterblich wie er war, verblieb

ihm lediglich die Selbstzerstörung in der eigenen Verbitterung.

In seinem Koffer wartete kein lebendiger Traum mehr: dort lag nur sein eigenes totes Herz.

Enttäuschung

Nachdem er seiner Mutter lange in den Ohren gelegen hatte, nachdem sein Vater mit Seco, der in jenem Jahr Verwalter war, gesprochen hatte, und nachdem Secos Frau, die als Hausmeisterin amtierte, eine lange Unterhaltung mit dem Herrn Prior geführt hatte, konnte Rodrigo seinen großen Traum verwirklichen: Beim Kirchenfest den Heiligen Josef darzustellen! Er hatte die vierte Klasse glanzvoll bestanden, er konnte alles wie im Schlaf – das macht, das wiegt so viel, das dividiert man durch den Quotienten –, doch sein Herz forderte einen anderen Triumph von ihm: an der Seite Lídias, die die Jungfrau Maria verkörpern sollte, durch das Dorf zu ziehen. Allerdings war die Rolle höchst begehrt. Alle wollten sie haben. Und seine Schwester, außerstande, die Gründe einer solchen Dickköpfigkeit zu begreifen, suchte ihn zu trösten:

– Wenn du das eine nicht kriegst, dann spielst du eben etwas anderes, was macht das schon aus?

– Aber ich will nicht!

– Und warum nicht Johannes den Täufer?

– Auch den nicht!

Ihm behagte nur die Rolle des heiligen Zimmermanns, und mit diesem Anliegen lag er der ganzen Familie unablässig in den Ohren.

Und er kämpfte so wacker, setzte sich so ein, daß er sein Ziel erreichte. Nachdem der Fall die ganze Woche lang in der Schwebe war, kam endlich die zustimmende Antwort.

– Erledigt, du hast gewonnen! Dein Wunsch soll in Erfüllung gehen!

Am darauffolgenden Vormittag, als er sich in Sandalen, im langen Gewand, bärtig und mit einer Lilie in der Hand in vollem Glanz sah, konnte er sein Glück noch immer nicht fassen. Das Ganze kam ihm nach wie vor wie ein Traum vor.

Erst in der Kirche, gerade vor Beginn der Prozession, traf er mit Lídia zusammen. Die Jungen hatten sich im Haus von Desidéria und die Mädchen im Laden von Dona Clara umgekleidet.

Wie schön sie war! Sie trug einen blauen Umhang aus bestickter Seide, ein weißes, ganz mit Spitzen gesäumtes, enganliegendes Kleid, eine silberne Krone mit bunten Steinen, und in ihren grünen Augen strahlte himmlischer Glanz.

Zwei Jahre älter als er, besaß sie bereits Brüste und die Bewegungen einer Frau. Da er aber hoch aufgeschossen war, fiel der Unterschied kaum auf.

– Na, wo ist den mein Kleiner? – fragte sie und gönnte ihm kaum einen Blick.

– Was heißt hier Kleiner!

Trunken vor Glück, hatte er völlig vergessen, daß da noch einer zur heiligen Familie fehlte. Und er antwortete ungehobelt auf die Bemerkung, mit dem er nicht gerechnet hatte.

Lídia indessen, Herrin ihrer Rolle, bewahrte himmlische Würde.

– Denk dran, mit wem du sprichst!

Er warf ihr einen scheelen Blick zu und antwortete nicht sofort. Ihn erstickte die gleiche Hitzewelle, die ihn durchströmt hatte, als er sie, einen Krug auf dem Kopf tragend, hatte zum Brunnen gehen sehen. Doch innerlich empfand er nicht mehr die gleiche Freude.

– Das geht mich nichts an ... – murrte er schließlich, um sich zu rechtfertigen und eine Versöhnung anzustreben.

– Niemand behauptet, daß es dich etwas angeht! Ich habe nur gefragt.

Sie sprach mit einer Festigkeit, die ihn quälte. Am liebsten hätte er losgeheult.

Camila rettete die Situation, indem sie aus der Kirche stürzte, ihren mit Locken und hermelinbesetztem Kleid geschmückten Sohn auf dem Arm.

– Ich habe vielleicht geschwitzt! Man hatte die Schuhe vergessen, und ich mußte nach Anta laufen. Dort hat man mir diese hier gegeben, aber sie sind zu groß. Ich mußte sie mit Watte ausstopfen ...

Camilas Alltäglichkeiten waren eine Erleichterung und zugleich eine kalte Dusche.

– Hätte ich bei der Geburt des Bübchens nicht ein Gelübde abgelegt, ich hätte ihn nicht hergegeben!

Sie stellte ihn zwischen die Beiden, die sich schon in die Prozession eingereiht hatten, und plapperte weiter drauflos. Das Mundwerk war ihre Schwäche.

– Nanu, auch hier?!

Die Zurechtweisung des Sakristans zwang sie, zu verstummen und zu verschwinden. Und die drei blieben schweigend zurück, wie Puppen, die darauf warten, aufgezogen zu werden.

Doch gleich darauf begann die Glocke zu läuten, und Garrido schwenkte die Fahne.

– Los, gehen wir! Und nun, mit Bedacht! Kein Gerede, marschiert weder zu langsam noch zu schnell, laßt die Hand des Kindes nicht los, und benehmt euch würdevoll!

Nach diesen feierlichen Empfehlungen setzte die Prozession sich in Bewegung. Vorneweg die große rotseidene Fahne mit dem goldgefaßten Heiligen Herzen Jesu; sodann das silberne Kreuz des Kreuzwegs; danach die Propheten, dann die Verkündigung, und schließlich sie. Dahinter kam noch allerhand. Engel, Traggestelle, der Baldachin und die Musik. Aber für Rodrigo war hier der Festzug zu Ende. Für ihn war das eben nicht die Prozession der Lieben Frau von der Erhörung, es war einfach seine Chance, im Gewand des Heiligen Josef feierlich neben Lídia einherzuschreiten. Er sah nicht einmal das Dorf und auch nicht das Meer von Menschen, das auf beiden Seiten der Landstraße den himmlischen Festzug miterlebte. Schlafwandelnd schritt er voran, hatte alles vergessen, trug nur eine kleine Schramme in seinem Innern …

– Rodrigo!

Die Schwester rief ihn und riß ihn aus seiner Gedankenverlorenheit.

Er blickte sie an, wie man jemanden aus der Tiefe der Ewigkeit anblickt, und ging weiter.

– Du spielst dich vielleicht auf!

Man wollte ihn sichtlich reizen. Aber er achtete nicht darauf.

Genau in der Mitte des Platzes an der Brunnenrinne stolperte der Kleine. Durch den Stoß drohte Lídias Krone herunterzufallen, und fast wäre er selber hingeschlagen.

Er stellte seine würdevolle Haltung mit größtmöglicher Ruhe wieder her. Schön, wunderschön wäre es gewesen, hätten sie nicht den Dreikäsehoch zwischen sich hüten müssen. Sie wären Hand und Hand gegangen, sicheren Schrittes, und mit ihrer Schuhgröße angemessenen Sandalen. Doch leider mußten sie das Jesuskind geleiten. Es zerrte an seiner Geduld, aber es war eben die Frucht des heiligen Leibes der Jungfrau Maria, empfangen durch die Kraft und die Gnade des Heiligen Geistes. Auch wenn er sich im Katechismus nicht so gut auskannte wie in der Metrik, wußte er über das Grundlegende dennoch Bescheid. Und so mußte er eben Camilas Sohn an der Hand führen.

– Wisch ihm wenigstens den Rotz ab!

Aus Carolinas frechem Mund war nichts anderes zu erwarten. Er schaute nach, und tatsächlich hingen aus der Nase des Knirpses zwei Schleimfäden.

In seinem Innern begann das Blut zu sieden. Er hatte in diesen Tag solche Hoffnungen gesetzt und solche Leidenschaft in seine Rolle gelegt, und nun zerstörte der Dreikäsehoch alles!

– Schneuz ihm die Nase!

Stocksteif, als sei ihr Körper auf einen Pfahl gespießt, würdigte Lídia ihn keines Blickes. Sie erteilte nur die Anweisung.

Schon völlig kopflos, wollte er es ihr mit gleicher Münze heimzahlen, doch sogleich fiel ihm ein, daß sie sich wegen ihrer Krone nicht bücken konnte. Also würde er das Nötige tun.

Zu seinem Unglück hatte er kein Taschentuch bei sich, oder wenn er eines hatte, stak es in der Hosentasche unter dem langen Gewand, so daß er es nur erreichen konnte, wenn er wie eine Frau den Rock hob. Er dachte sogar daran, ihn mit den Fingern wegzuwischen. Aber er war ja als heiliger Josef verkleidet ...

Eine feurige, gelbe Sonne stach jetzt auf die Prozession nieder, die sich wie eine träge Nacktschnecke vorwärts bewegte.

– Stehenbleiben!

Vorne senkte sich die Fahne, und Garrido wischte sich mit seinem Tabaktuch den Schweiß von der Stirn. Die Mutter eines Propheten reichte ihm ein Glas Wasser.

Bevor die Prozession den Anstieg zum Berg unternahm, legte sie eine Atempause ein. Sie war aus der Gemeindekirche von Moira-Morta getreten, hatte das Dorf durchquert und richtete nun den Schritt nach Unserer Lieben Frau von der Erhörung, am anderen Ende von Mesio, eine gute halbe Meile Wegs entfernt. Nach dieser Rast vor Inácios Haustür sah sie nur noch die Felsblöcke und das Heidekraut des Berglands. Die Eitelkeit derer, die sich nur hatten zeigen wollen – sie endete hier.

Rodrigos Traum indessen umfaßte den gesamten Weg, und trotz der eingetretenen Mißlichkeiten erfüllte ihn noch die unverminderte Begeisterung. Und als man sich von neuem in Bewegung setzte, verlor er nicht seine Haltung.

Währenddessen begann der Kleine zu heulen. Sei es, weil er müde geworden war, sei es, weil er keine Häuser mehr sah und es mit der Angst zu tun bekam, jedenfalls brüllte er los.

– Was hat bloß der Kleine? – wollte die Hausmeisterin wissen.

– Er spinnt halt! ... – brummte er.

Aber statt ihm zuzustimmen, quälte Lídia ihn noch mehr.

– Du solltest ihn lieber auf den Arm nehmen!

– Auf den Arm? Das hat mir noch gefehlt! ...

Aber er mußte es dennoch tun. Abgesehen davon, daß er wie ein Zicklein losmeckerte, wollte der Knirps nicht mal mehr weitergehen. Und damit die Prozession nicht seinetwegen in Verzug geriet, riß er ihn unsanft hoch.

– Aber gefälligst zartfühlend!

– Paß auf, daß ich ihn nicht runterwerfe!

– Das solltest du wagen!

In Caldeirão schlief der Kleine bereits an seiner Schulter, von einer Hemdfalte gegen die Sonne geschützt. Neben ihm, nun nicht mehr durch das ihn quälende Band mit ihm verbunden, schwebte Lídia über allem Elend dieser Welt. Und ein tiefer Zorn, der ihm den Mund austrocknete und die Lippen furchte, bemächtigte sich seiner.

Beim Kreuz der Fahne nahm die Prozession sich angesichts der Wallfahrtskapelle zusammen, um in würdevoller Haltung die Kapelle zu betreten. Schon warteten dort Leute, nicht nur aus dem Dorf, sondern auch aus den umliegenden Gehöften.

Er weckte den Kleinen und stellte ihn auf den Boden, wiederum zwischen sie. Lídia gab ihm rasch die Hand.

Erst jetzt bemerkte er den großen Schweißflecken an der Stelle seines Gewands, an der der Bub geschlafen hatte.

Aber er nahm keine Notiz mehr davon. Nach bestem Vermögen marschierte er bis zum Schluß, wartete auf die Anweisung zum Auseinandergehen, betrat die Sakristei, um sich auszuziehen, lieferte das Gewand bei der Hausmeisterin ab und machte sich wortlos hangabwärts auf den Weg, während er verzweifelt mit den Zähnen knirschte.

Die Funken eines Feuerrades sanken wie Sprühregen ringsum ihn her, aber er würdigte sie keines Blickes.

Das Absolute

Er machte Pedro zum Richter seiner Sache, aber im Namen welcher Sache?

– Lieben Sie sie?

– Ja. Das heißt, mir scheint, ich liebe sie.

– Die Liebe ... Sie verstehen ...

– Ich weiß. Aber in mir gibt es nichts Absolutes. Oder vielmehr: Das Absolute, das ich suche, ist nicht menschlich.

– Aber sie ist menschlich!

– Und zwar sehr menschlich. Und vielleicht deshalb ...

– Es ist schwierig, einem Menschen zu helfen, der nur aus der negativen Kraft der Dinge lebt ...

Sie waren keine Freunde und hätten es auch nicht sein können, weil sie nicht aneinander glaubten. Und dennoch hatte Carlos sich niemals jemandem in gleicher Weise eröffnet, und Pedro hörte ihm mit unendlichem Verständnis zu.

– Wahrhaftig! Ich warte Monate auf einen Brief von ihr, der mit zwei Worten beginnt, die uns vereinen. Und wenn ich sie lese - «Lieber Carlos» – ist es, als zerrissen sie eine Luftblase. Ich bin leer. Das blutlose «Carlos» der anderen Briefe erscheint mir dann tief und bedeutsam.

Nie im Leben! In ihrer Nähe würde ich nie Frieden finden, weil ich immer die Kehrseite jeder Geste wünsche. Und mein größtes Unglück besteht darin, daß ich es ihr sage!

– Und sie?

– Weint.

Während der andere umherging, folgte Pedro ihm von seinem Platz aus mit den Augen, wie ein Gewissen, das umherschweift.

– Sie suchen nicht die Liebe, Sie suchen Gott. Ergeben Sie sich Ihm.

– Das kann ich nicht. Niemand fügt sich in etwas. Nicht einmal in Gott! Schon der Gedanke an ihn ist ein Trugschluß. Man glaubt an seine Allmacht, damit sie als Rettungsanker unseres Daseins diene ...

– Aber was bindet Sie denn letzten Endes an sie? Denn es ist doch so, daß Sie sich nicht befreien! ... Und leiden, was noch schlimmer ist.

Dürre, welke Bitterkeit furchte Carlos' mageres, kleines Gesicht noch tiefer. Und sein wie von Kasteiung gezeichneter Körper wirkte noch leichter, als er im Zimmer umherging.

– Vielleicht Kräfte sexueller Natur ... Und die zu einem Eigenwert erhobene Gewohnheit ...

– Wäre es denn nicht möglich, auf diesem natürlichen Grund und dieser würdevollen Gewöhnung eine Harmonie zu begründen?

– Nein, denn wir beide wissen, daß nur das Ganze uns befriedigen kann.

– Jedenfalls will mir scheinen, daß es Ihnen

schwerfallen wird, Ihre Besessenheit loszuwerden. Von außen gesehen ist die Triebfeder Ihres Lebens allein diese ...

Der andere zuckte zusammen, als habe er einen Stoß erhalten.

– Nein! Wenn ich es recht bedenke, war meine wahre Liebe eine andere. Jetzt, aus einigem Abstand, wo sie verheiratet, Mutter von Kindern und mir daher entrückt ist, habe ich das entdeckt. Es ist immer das gleiche: Ich brauche immer einen Bannfluch, der den Gegenstand meines Begehrens unerreichbar macht.

Pedro staunte über die jugendlich romantische Ader im Verstand eines Erwachsenen. Die Zeit wäre somit das große Heilmittel. Nur sie könnte die Furcht ausreifen lassen und aus Carlos einen ganzen Menschen machen. Da taugte es wohl wenig oder nichts, ihm den fernen Strand zu zeigen, den er nur mit den Armstößen des Instinkts erreichen konnte.

Und er ließ dem Schiffbrüchigen freien Lauf.

– Ich habe schon überlegt, ob es nicht vielleicht meine tiefe Gewißheit ist, das junge Mädchen aufgrund meiner Zuneigung und meines Beharrens nicht heiraten zu können.

Pedro zuckte mutlos die Achseln. Das Wort, das ihm einfiel, war allzu grausam. Lieber die Hände in Unschuld waschen wie Pilatus.

– Ich bin verrückt, nicht wahr? – seufzte Carlos, blieb vor dem Tisch stehen und stützte sich mit den Händen darauf.

– Das sind wir alle …

– Ja, das sind wir. Aber niemand bringt den Mut auf, es zu bekennen. Als ich hierherkam, betrat ich das Gefängnis, um ein Bücherregal zu kaufen. Und kaum hatte ich die ummauerte, tote Welt verlassen, sah ich, daß alle Leute auf der Straße die greifbare Wirklichkeit, die ich soeben erlebt hatte, übergingen, und ich erzitterte. Wie war es möglich, angesichts einer solchen Ungeheuerlichkeit zu existieren?

– Der Mensch verfügt über viele Möglichkeiten der Ablenkung …, der Ablenkung und der Erneuerung. Kein Bergmann steigt in die Tiefe eines Brunnens hinab, ohne zuerst das Schöpfrad einzustellen, das ihn an die Oberfläche zurückholen wird …

– Es gibt Leute, die sich hinabstürzen, ohne an dergleichen zu denken …

– Wenige.

Wiewohl schmerzlich, verlief die Unterhaltung jetzt leichter. Das Greifbare und Persönliche war dem Abstrakten gewichen.

Carlos indes griff das Thema erneut auf.

– Schade, daß man nicht wählen kann, zu welcher Zeit man lebt …

Pedro lenkte ab.

– Kommt darauf an. Was die Zukunft betrifft, so ist es wirklich schade. Im Bezug auf die Vergangenheit nicht. Das hieße, auf das Unerhörte zu verzichten. Es hieße, nach der Erfahrung wählen. Und das Leben, sofern es einen Reiz haben soll, kann nur diesen haben: Jede Minute etwas Unbekanntes zu sein.

Der leuchtende, lauwarme Nachmittag drang durchs Fenster herein. Draußen floß der von festen, grünen Hängen eingebettete Fluß unaufhörlich vorüber.

– Die Vergeblichkeit von allem! – seufzte Carlos, als löste er sich von der allerletzten Sinnestäuschung.

– Kommt darauf an ... – erwiderte Pedro sanft.

Plötzlich, als stoße Carlos sich ein Messer ins Herz, macht er seiner Seele Luft:

– Wissen Sie, daß wir einmal eine Nacht zusammen geschlafen haben? ...

– Nein. Das wußte ich nicht.

– Wir haben zusammen geschlafen ...

Beide verharrten in Wartestellung, gleichsam überrascht vom Ungestüm des Geständnisses. Gleich darauf erwachte in Pedros Gesichtszügen eine Welle der Hoffnung.

– Dann sieht die Sache freilich anders aus!

– Aber wir haben uns nicht berührt.

Pedro zündete eine neue Zigarette an. Er vermochte sich diesem Netz von Verwirrungen einfach nicht zu entwinden. Vorsichtig wagte er einzuwerfen:

– Bedürfen wir denn dieses Beweises?

– Ich meine doch.

Pedro befiel ein merkwürdiges Gefühl des Schreckens. So als ob jemand käme und die Natur kastrierte. Und er warf aufbegehrend ein:

– Die negativen Beweisführungen pflegen in diesem Zusammenhang nicht das erwartete Ergebnis zu liefern. Es sei denn, es handelt sich um Hemmungen …

– Es war eine überlegte und freiwillige Handlungsweise.

Ungeduldig verstärkte Pedro noch seinen Widerspruch:

– Und wäre es nicht besser, Denken und Willen bei dieser Gelegenheit ein Weilchen beiseite zu lassen? Warten die Liebenden nicht gerade auf eine unbewachte und freie Stunde wie diese?

– Ich weiß es nicht.

Schwermütig fällte er nun den Richterspruch:

– Ja! Und wir beide haben diese Stunde vertan und werden sie unglücklicherweise nie mehr wiederfinden …

– Das haben wir mittlerweile erkannt.

Voller Staunen und Zärtlichkeit betrachtete Pedro diese kluge, kalte Verzweiflung, in der der Schatten der Ohnmacht wie auf einer Leinwand wuchs, und versuchte, ein positives Zeichen hinter die negative Summe zu setzen:

– Ihnen verbleibt aber eine echte Eroberung. Zumindest haben Sie beide das besagte Absolute gestreift, das Sie sich so sehnlichst wünschten. Das Widersinnige ist, wie Sie wissen, eine seiner Seiten …

Der Bettler

Niemand kennt Pitões. Wer es versteckte, hat es gut versteckt, abseits von der Straße, in einer Bergspalte von Espinheiro, weit weg von allem und allen. Dorthin ist nie ein Priester gelangt, kein Arzt, kein Gerichtsvollzieher, kein Briefträger – kein Mensch, der Gott oder den Teufel vertrat. Und zwar aus folgendem Grund: weil an Wochentagen alle Leute Besseres zu tun haben, als über Berg und Tal einen hinkenden Hund zu suchen, und an Sonntagen verschwindet Pitões von der Bildfläche. Frühmorgens, noch bevor der Bach erwacht, stehen sie alle auf, Alte, Junge und Kinder, und gehen betteln. Die einen lahmen, andere sind blind, dritte verkrüppelt, sie schwärmen über den Landkreis Bastos aus und kehren erst nach Einbruch der Nacht heim, bepackt mit dem Nötigsten für die kommende Woche.

– Woher bist du, Kleiner?

– Von weither, Senhor. Von der Algarve …

– Und wie bist du hergekommen, in deinem Alter?

– Ich habe gebettelt …

Keiner gibt den Namen seiner Herkunft preis. Pitões ist ein physisches und metaphysisches Geheimnis. Insgeheim erkennen alle an, daß ihre Handlungsweise erniedrigend ist. Aber das Leben ist das Leben. Es gibt keinen Landstrich ohne seine Industrie. Stehlen ist viel schlimmer.

Und genauso wie die aus Canelas ihren Schmuck verschachern, und sei es an die Tochter des Königs, so ziehen die aus Pitões dem größten Geizkragen einen Groschen aus der Nase. Sie sind Meister in ihrem Gewerbe.

– Geben Sie doch Ihr Almosen einem Unglücksraben, der es nicht selber verdienen kann! ...

Fast immer reicht dies schlichte, endlose Stunden eintönig, automatisch wiederholte Gejammer aus, um die Herzen zu erweichen. Aber wenn die verhärteten Seelen sich nicht fügen, ändert Pitões seine Taktik. Es klopft unbeugsam, unerbittlich an einer Tür nach der anderen, es dringt in das Privatleben jedes einzelnen ein oder legt sich schlicht und einfach mitten auf die Straße hin, gleich ob in Staub oder Schlamm, und krümmt sich in zuckenden Verrenkungen. Aus Angst wagt sich niemand in ihre Nähe. Nur der hohle Klang der dicht daneben fallenden Münze bevölkert die Einsamkeit.

Im Verlauf einer derartigen Epilepsie sah Bráulio auf dem Markt von Reguengos Filomena. Verdreckt, zerlumpt und zerschlissen und mit einem dreiwöchigen Bart, hatte er seit dem frühen Morgen bereits dreißigtausend Reis eingesackt.

– Noch so jung und schon von einem solchen Leiden befallen!

So beklagten ihn verhutzelte Weiblein oder alte Jungfern aus dem Bergland. Zum Teufel! Und plötzlich …

Sie ging zwischen Vater und Mutter, voller Anstand, hellblond und fein angezogen. Und die tiefen schwarzen Augen des jungen Burschen traten aus ihren Höhlen. Komisch, denn auch sie betrachtete ihn, gebannt von seinem Augenglanz! Sie wagte einen Blick und wandte sofort züchtig das Gesicht ab. Teufel von einem Mannsbild!

Zu seiner Ehrenrettung mußte er auf seinem Posten verharren, im Schatten der Platane, die sein Geheimnis wahrte. Erst abends, in der Dunkelheit, wenn die Wege menschenleer wären, könnte er stramm und behende aufstehen und im Vollbesitz seiner Gesundheit nach Pitões zurückwandern. Mochte sein Herz noch so wild lodern, es blieb ihm nichts anderes übrig, als sie den Jahrmarkt genießen zu lassen, fern von der wachsamen Eifersucht, die er bereits spürte, bis sie gegen Abend wieder an ihm vorbeikäme.

Gerade hatte es vom Turm fünf Uhr geschlagen, als sie um die Straßenecke bog. Ihm schien, als hielte sie aus der Ferne behutsam nach ihm Ausschau. Doch vielleicht war es auch eine Sinnestäuschung. Und als sie an ihm vorüberging, ließ sie nicht im entferntesten erkennen, daß sie an ihn dachte.

Stumm, still, gedemütigt in seiner Selbstlüge, sah er sie weitergehen, bis sie auf der Landstraße verschwand. Und kaum hatte sie sich seinem Blickfeld entzogen, verspürte er ein unerträgliches Jucken. Woher mochte sie stammen?

Erst am nächsten Markttag, einen Monat später, sah er sie wieder, genau gleich, rosig und frisch wie eine Scheibe Wassermelone. Und man staune, wie die Dinge sich aufführen: als sie dicht an ihm vorbeiging, warf sie ihm einen Seitenblick zu!

– Der Teufel soll mich holen, wenn ich nicht verrückt werde!

Doch er beherrschte sich und ließ sie gehen. Lange Tage dauern hundert Jahre.

Aber das Schicksal stand ihm bei. Gleich darauf brach völlig unvermittelt ein so mächtiges Gewitter los, daß der Himmel in Blitzgezuck und Regengeprassel einzustürzen schien. Im Handumdrehen war der Marktplatz ein Durcheinander. Und als das junge Mädchen völlig durchnäßt den Heimweg antrat und sich durch Regengüsse und Blitze einen Weg bahnte, erhob er sich und folgte ihr in einiger Entfernung und humpelnd, aus Angst, von ihr gesehen zu werden. Überflüssige Vorsicht, weil jedermann nur an das Gewitter und die Blitze dachte.

Sie stammte aus Lodoeiro und wohnte oberhalb des Dorfes. Das prägte er sich ein und ging seines Weges.

Erst spät, als bereits alles schlief, traf er in Pitões ein. Er schlürfte seine aufgewärmte Suppe, trank einen Schluck Schnaps und legte sich zu Bett. Es gelang ihm aber nicht einzuschlafen, da das Bild des jungen Mädchens ihm an der Wand leuchtete.

Er konnte sich niemandem anvertrauen. Eine Leidenschaft außerhalb von Pitões war Verrat, war ein Verhängnis. Bisher hatte sich niemand eine Frau von auswärts geholt.

Die ganze Woche hindurch bedachte er seinen Fall, grübelte und schlug sich mit seinem Gewissen herum. Und da er weder sein Heimatdorf verleugnen, noch seine Liebe verraten wollte, zog er am darauffolgenden Sonntag seinen besten Staat an und trat vor seine Eltern.

– Willst du in diesem Aufzug Betteln gehen?

– Nein, Senhor.

– Was ist das dann für ein Unsinn?

– Ich gehe fort.

Der Vater, den plötzlich eine wunde Krampfader am linken Bein schmerzte, hielt inne, blickte ihn an, sagte aber nichts. Dagegen sagte die Mutter:

– Das Geheimnis ist die Seele des Geschäfts, ich weiß nicht, ob du es weißt ...

– Ich weiß es.

– Dann gute Reise!

Wie man sieht, wenig Zärtlichkeit. Aber in Pitões war das so.

Tage später erschien er rasiert, mit Krawatte

und Uhrkette über der Weste in Lodoeiro. Er handelte mit Getreide.

Er feilschte hier um Mais, dort um Bohnen, fragte nach Kichererbsen und klopfte schließlich an die Tür des Elternhauses des jungen Mädchens.

Sie war allein zu Haus. Sie führte ihn zum Speicher, grub die Hand in das Getreide, zog sie heraus und ließ die Körner herabrieseln.

– Gesund und dick!

– Und der Preis?

Er fand ihn hoch, handelte ein wenig, aber es kam kein Geschäft zustande. Er ging fort, nur ausgestattet mit dem ausdrücklichen Wohlwollen des jungen Mädchens.

Am darauffolgenden Markttag in Renguengos führte er eine Begegnung mit ihr herbei ... Pitões stand am Dorfeingang und stöhnte, flehte und bettelte, ein jeder mit seiner geheuchelten Wunde und scharfem Blick hinter den Triefaugen. Als er vorüberschritt, bettelten sie ihn wie einen Fremden an. Er verteilte aber kein Almosen.

– Haben Sie die Kichererbsen schon verkauft?

– Noch nicht.

– Sie sehen, wie recht ich hatte! Sie sind zu teuer ...

Der Vater tauschte gerade ein Joch Rinder, die Mutter wählte Ferkel aus, und sie kaufte bei einer Budeninhaberin Spitzen.

– Wollen Sie heiraten?

– Ich habe niemand, der mich will …

– Was Sie nicht sagen. Ich wüßte jemanden …

– Das müßte ein Stummer sein, der mich nicht ansprechen kann …

– Der, den ich meine, weiß mit der Zunge umzugehen …

Im Gedränge beachtete sie niemand: entbrannt, dem Trubel fremd, redeten sie Torheiten inmitten der Menschenmenge. Der Markttag war für sie ein Garten aus lebendigen, duftenden, geselligen Blumen.

– Wer Ihnen die Kichererbsen abkaufen will, bin ich!

Er kaufte sie nicht. Er nutzte den Vorwand für einen neuerlichen Besuch, für eine Stunde des vertraulichen Zwiegesprächs mit ihr auf dem Speicher, kehrte aber mit leeren Händen zurück.

– Das Geschäft kommt mir nicht sehr vertrauenswürdig vor … – sagte der Vater.

– Woher kommt er?

– Aus dem Minho.

– So weit kommt er her, um hier Kichererbsen zu kaufen! - brummte die Mutter spöttisch.

– Das ist doch seine Sache …

Und er ging so geschickt vor, daß er bald darauf das Mädchen am Bändel hatte und die Eltern in der Tasche.

– Das ging aber Schlag auf Schlag, Weib! – staunte Clotilde, altgediente Heiratsvermittlerin, mit einem Anflug von Verdruß in der Stimme. – Daß er geschickt ist, bezweifelt niemand. Aber kennst du ihn denn auch gut genug? Weißt du denn, wer er ist?

– Er ist ein Mann!

Und das war er. Am Tag nach der Hochzeit grub er nicht, er durchwühlte die Erde!

– Bring dich nicht um ... Schau, du hast genug Zeit, um dich marode zu machen!

Sie liebte ihn so unendlich jung, wie er in der Kirche neben ihr gestanden hatte. Sie liebte es, bis in alle Ewigkeit verlängerte, ungetrübte Flitterwochen zu durchleben. Sie liebte es, das jugendliche Feuer in seinen Augen immer lebendiger erstrahlen zu sehen. Denn in seinen Augen wohnte seine Liebe.

– Wir haben alle Hände voll zu tun ...

– Das Leben soll warten. Morgen gehen wir auf den Markt ...

– Der wievielte ist morgen?

– Der Zweiundzwanzigste.

Wie im Traum verflogen die Wochen. Noch immer genoß sie das Festmahl ihres Glücks, und schon war ein Monat vergangen!

Und dort standen die Bettler von immer: eine Mutter mit einem lumpenumwickelten Kind, ein Blinder, ein Lahmer in einem Korb. Neben der Platane, ein leerer Platz.

– Dort stand doch immer ein blutjunger Mann, der mich so beeindruckte ... Aber diesmal ist er nicht gekommen.

Er blickte ihr tief in die Augen und lächelte verschmitzt.

– Worüber lachst du? – wollte sie errötend wissen.

– Über nichts ... – Und er nahm sie in die Arme und drückte sie liebevoll an sich.

Menschlicher Sand

In der weiten Landschaft kreuzten sich die Spuren der entgegengesetztesten Schicksalswege. Trotz ihres erst beginnenden Baumwuchses gewährten die Dünen bereits einer Fauna Obdach, die darum kämpfte, zu verschlingen oder aber nicht verschlungen zu werden. Und morgens zeigte die Sonne, die hinter den Bergen aufging, die den Schauplatz im Osten begrenzten, die in die große Sandfläche gegrabenen Zeichen des Kampfes der vergangenen Nacht. Aus der Höhle, in der der Angreifer hauste, traten blutrünstige Fußspuren. Und diese rückten vor, zunächst unsicher, behutsam, sodann flink und entschlossen. Sie liefen dahin, verloren sich im Dickicht, hielten inne und kehrten schließlich von einem Punkt aus zurück, wo ein Büschel Federn oder eine Handvoll Haare den Ort eines Hinterhalts und eines Todesstoßes bezeugten. Dort hielt der Weg des Opfers an. Sein Kreuzweg war beendet.

Andere Male indes waren Anzeichen eines fruchtlosen Sprungs zu sehen, gefolgt von nutzlosen hartnäckigen Verfolgungsjagden.

Der Angegriffene war geschickt genug gewesen, um dem Schlag auszuweichen und seinen Leidensweg fortzusetzen.

Herrscher über alles, was in der unfruchtbaren Weite, die er Handbreit um Handbreit urbar machte, an Leben pochte, blieb der Ingenieur Venâncio stehen und betrachtete das Hin und Her dieser nächtlichen Abenteuer. Und nur anhand der flüchtigen Zeugenschaft der über die Bühne gehuschten Gestalten setzte er den Ablauf eines jeden Sieges und einer jeden Niederlage zusammen.

– Heute war es ein Hase. Er muß krank gewesen sein, denn er hat sich schlecht verteidigt. Im Übrigen sind es sowieso die verstümmelten Tiere, die ins Gras beißen. Drum läßt sich über die Nützlichkeit der Treibjagden auf Wölfe und Füchse streiten. Es muß doch Tiere geben, die es auf sich nehmen, die lahmen oder kranken Exemplare der Tierarten zu beseitigen ...

– Das Gesetz der Stärkeren! ...

– So ist das Leben.

Während der Ehemann seine Kalbslende kaute, beobachtete Clarisse ihn aufmerksam. Der vollendete Siegertyp. Gespannte, harte Schläfen, eine Nase, die wie ein Strunk aus den Brauenbögen wuchs, das Kinn kurz und kantig.

– Das Schlimmste ist, wenn die Schwachen eines Tages aufbegehren ...

– Wie?

Er füllte den Mund mit Reis und wartete.

– Auf die Art und Weise kommt es nicht an Sofern sie erst einmal aufbegehren …

– Du irrst. Wollen allein genügt nicht, man muß auch können.

Mit seiner Kraft zufrieden, aß und trank er weiter wie ein Mann, der er war – heiter, zuversichtlich, jede womöglich zu erwartende wertlose Beweisführung mißachtend.

Und Clarisse verstummte. Der Graben, der sie vom ersten Tag an von ihrem Mann trennte, hatte sich derart verbreitert, daß es ihr, wenn sie ihm gegenübersaß, war, als klaffte der gesamte Umfang der Weltkugel zwischen ihnen. Die acht gemeinsam verbrachten Jahre kamen ihr vor wie acht Jahrhunderte der Erniedrigung. Acht Jahrhunderte leerer Worte, schuldhafter Gebärden, entwürdigender Handlungen. Gemeinsam verschlafene Nächte, gemeinsam verbrachte Tage, Brot und Wein, in einer Gemeinschaft geteilt, in der sie keinen Sinn fand. Wie hatte sie nur Leidenschaft mit Hörigkeit, Hingabe mit Verzicht verwechseln können!? In den Büchern liebten alle Heldinnen; in der Schule liebten alle Klassenkameradinnen; warum sollte sie nicht auch den verwegenen jungen Mann lieben, der ihr Fenster umschlich? Sie hatte ihren Irrtum teuer bezahlt! Der Mann, dem sie die Illusionen der Jugend überlassen hatte, der hatte sie ihr einfach gestohlen.

– Wir können uns nicht von Gefühlsduseleien hinreißen lassen, – fuhr er fort. – Es siegt, wer siegen muß. Der Fähigste, der Hartnäckigste, der Beste.

– Der Beste …

– Der Beste vom pragmatischen Standpunkt aus.

– Und von irgendeinem anderen Standpunkt aus? …

– Der interessiert nicht. Was zählt, sind Tatsachen. Im übrigen sind es gerade die Schwachen, die sich unterwerfen. Sie geben ganz offensichtlich auf. Was sollen sie anderes tun, als zu verzichten!

– Vielleicht warten sie auch auf ihre Stunde …

– Sie warten auf gar nichts, die armen Schlucker! Und wenn sie warten … Doch das sind überflüssige Abschweifungen. Vergiß nicht, das Abendessen später zu bestellen, denn ich weiß noch nicht, wann ich heimkomme. Ich will heute mit dem Einzäunen von Mezios Baumschulen fertig werden. Die Männer müssen sich damit abfinden, ich will die Arbeit rasch beendet haben.

– Sehr gut.

– Bis dann!

– Hör mal …

– Ja, was ist?

– Nichts.

– Also dann tschüß! – Und er gab ihr einen Kuß.

Sie sah ihn das Wohnzimmer durchqueren

und im Flur verschwinden. In seinem glücklichen Gesicht nicht der geringste Verdacht auf die Verzweiflung, in der er sie zurückließ.

Wie die Dinge in der Welt sich verflochten! Sie hatte das erste Mal nachgegeben, und danach nie wieder eine Stunde des Friedens gefunden! Nach der Tatenlosigkeit die Tat; nach der Tat das Verstehen; nach dem Verstehen die Bitternis ... Und plötzlich lief der Film rückwärts, und jedes Bild sammelte enttäuscht sein Negativ ein.

– Kann ich abdecken, Senhora? – fragte das Dienstmädchen.

– Ja.

Sie stand auf und trat zum Fenster. Wie ein zarter fröhlicher Garten wogte der Pinienhain. Die Heldentat ihres Mannes!

– Ich werde den Posten am Strand annehmen! – hatte er gleich nach der Hochzeit verkündet.

– Was? Willst du uns verbannen?

– Ich will ein Werk verwirklichen, das mein Leben rechtfertigt. In fünfzig Jahren diese vielen sinnlos vergeudeten Meilen bevölkern.

Sie hatte ihn ratlos angestarrt.

– Du scheinst nicht begeistert!

– Nein.

– Aber es wird dir gefallen. Es ist für mich die große Chance.

Für ihn!

– Ich bin der Meinung ... – und sie war verstummt.

– Anfangs wird es dir schwerfallen, das ist sicher. Das will ich nicht bestreiten. Aber du wirst dich einleben.

Er war bereits entschlossen. Und bald darauf lugten hinter jedem Sandhügel Blätter hervor, beharrlich wie der Wille des Forstmeisters.

– Hatte ich recht oder nicht? Ich werde einen ganzen Wald schaffen! Wie wenn jemand einen Alptraum grün malt. Das große Problem des Menschen ist, die Erde wiederzuentdecken. Sie von ihrer Entwürdigung zu befreien. Sie neu zu erschaffen.

Bei ihr, Clarisse, war wohl wenig wiederzugewinnen. Sie war der reine Hohn für die befruchtende Macht ihres Mannes, stand da, dürr wie eine Wüste. In der öden Trostlosigkeit ihrer ruhelosen, salzigen Seele, hatte die Kraft des Sämanns nicht das bescheidenste Reiskorn zum Sprießen gebracht, geschweige denn Pinien! Dankbar und ergeben hatte die weite Sandfläche wie weiches Wachs zugelassen, daß in ihr Fleisch sogar Arabesken fremder Trauerspiele eingegraben würden. So wird die Einsamkeit einer armen Frau zum grausamen Spiegel innerster und wildester Unbotmäßigkeit.

– Ein Bote hat diesen Zweig gebracht, auf Anweisung des Herrn Ingenieurs, – sagte das Dienstmädchen.

Es waren blühende Mimosen mit gelblichem Versöhnungslächeln. Aber sie kamen zu spät.

– Leg sie dort hin.

– Soll ich die Vase mit Wasser füllen?

– Das lohnt nicht.

Von ihren Wurzeln getrennt, sollten sie lieber ohne die vorübergehende Täuschung eines künstlichen Saftes verdorren.

Ohne die Launenhaftigkeit ihrer Herrin zu bemerken, kehrte das Dienstmädchen in die Küche zurück. Und Clarisse ging fast mechanisch zur Haustür, öffnete sie und machte sich auf den Weg.

In später Nacht erst kehrte der Ingenieur zurück. Beglückt über seinen neuen Triumph – hatte er es doch fertiggebracht, daß die Arbeiter, von seiner Begeisterung angesteckt, die Überstunden gar nicht bemerkten – glich er einem Lufthauch des Optimismus, der ein Mausoleum durchweht.

– Was soll diese Dunkelheit?! Und die Senhora?

– Ich weiß nicht. Vielleicht ist sie spazierengegangen ...

– Schöner Spaziergang zu dieser Stunde!

Am nächsten Morgen, nach einer Nacht des Wartens, in der ihn zum ersten Mal der übliche tiefe Schlaf der Gerechten nicht heimgesucht hatte, durchforschte er die Umgebung des Hauses.

Vermischt mit anderen Spuren führte Clarissens Spur durch den Sand, bestimmt, beharrlich, unermüdlich. Und er gab es auf, sie weiterzuverfolgen.

– Ich kehre um. Es lohnt nicht, Zeit zu verlieren.

Er vertraute seiner Erfahrung. Wenn sie nicht verschlungen werden, kehren alle Tiere ins Nest zurück.

Aber die Frau kehrte nicht zurück. Die Fährte ihrer Flucht, so deutlich den ganzen Vormittag hindurch, erlosch im Lauf des Nachmittags. Bei Sonnenuntergang hatte der Meereswind nicht den leisesten Hinweis hinterlassen, mit dessen Hilfe die Beharrlichkeit irgendeiner Hoffnung sie hätte finden können.

Blindekuh

– Unsere Freundschaft hängt am seidenen Faden, Gevatter!

– Wieso am seidenen Faden?

– Reißt er oder reißt er nicht ... Verstehen Sie?

Aber Raúl verstand nicht. Natürlich, denn sein Geist benötigte Voraussetzungen, um Schlüsse ziehen zu können. Auch begriff er nicht Guilherminos Wahn, ihn zum Mord am eigenen Bruder anstiften zu wollen, und noch viel weniger den Sinn der unmittelbar gegen ihn ausgesprochenen Drohung. Ein Seidenfaden ist federleicht und hält nicht die geringste Spannung aus. Nun hatte zwischen beiden außer der Gevatternschaft, Folge ihres Zusammenlebens und nicht dessen Anlaß, stets ein starkes Band der Zuneigung bestanden.

– Gevatter, entschließen Sie sich! Entweder ja oder nein. Wenn Sie Ihre Haut retten wollen, sagen Sie mir, wo Augusto steckt!

Reine Verwirrung. «Wenn Sie Ihre Haut retten wollen, sagen Sie mir, wo Augusto steckt!» Analysierte man den Satz im einzelnen, so kam man zu folgendem Ergebnis: Erstens der Widersinn des «wenn Sie Ihre Haut retten wollen»; sodann der unzusammenhängende Satzbau des «sagen Sie mir, wo Augusto steckt.» Was hatte das mit seiner Haut zu tun? Er genoß in aller Geruhsamkeit einen häuslichen und überdies wohlverdienten Sonntag. Plötzlich poltert sein Bruder atemlos zur Tür herein, rennt durch die Küche und versteckt sich unter einem Heuwagen, der im Hinterhof steht, um ausgeladen zu werden.

– Um der Seele unserer Mutter willen, bitte verrate mich nicht!

Kaum hatte er die Mahnung vernommen, bricht sein Gevatter mit gezücktem Revolver herein.

– Wo hat er sich versteckt?

Klugerweise versuchte er zunächst, ein wenig Licht in die wahnwitzige Angelegenheit zu bringen.

– Was ist denn los, Gevatter? Was ist geschehen?

Noch gibt es kein besseres Mittel, einen Menschen zu beruhigen, als ihn zu zwingen, zu sprechen und den Anlaß seiner Erregung darzulegen. Die Sprengkraft des Hasses entweicht durch die Worte, ein jedes braucht seine Gefühlsladung. So wäre er schließlich zum Einlenken bereit!

Unglücklicherweise war er das nicht. Er forderte kurz und bündig die Herausgabe. Und keine Mätzchen!

Vom Grundsatz ausgehend, daß er imstande wäre, einen Menschen anzuzeigen, und zudem einen Bruder, müßte man ihm zumindest Zeit und Ruhe für eine Entscheidung lassen. Man müßte ihm auch Schritt für Schritt beweisen, daß nur mithilfe eines solchen Vorgehens Gerechtigkeit geübt werden könne – rechtschaffene und menschliche Gerechtigkeit. Wie könnte er sonst sein Gewissen beflecken und seinem Verstand Gewalt antun? Anhand von so willkürlich vorgebrachten Drohungen, daß sie sich auf die verschiedenste Art und Weise deuten ließen, konnte niemand erwarten, ihn zu überzeugen. Der Satz «sagen Sie mir, wo Augusto steckt», umfaßte fraglos einen vertraulichen Inhalt, der unvereinbar war mit dem Ungestüm des Vorsatzes. Wer «Augusto» sagt, umhüllt den Namensträger sofort mit einem Hauch von Vertraulichkeit, von Wertschätzung und Achtung. Gefühlsbedingte oder gesellschaftliche Bande zählen schließlich auch. Kurz und gut, es handelte sich um ein Wirrwarr, das behutsam geklärt werden mußte.

– Wollen Sie es nicht sagen?

Natürlich sagte er es nicht. Ein auf die Brust gezielter Pistolenlauf ist in der Tat eine tragische Möglichkeit, eine Lösung zu finden. Jedenfalls eine törichte. Als Beweisgrund war sie dazu angetan, an der menschlichen Gattung zu verzweifeln. Er hatte stets mit Entschiedenheit auf eine derart derbe Weise, Probleme zu lösen, geantwortet. Er hatte in der Zeitung den Bericht über ein Verbrechen gelesen und war sich dabei menschlich erniedrigt vorgekommen. Wie sollte sich der wahre Hintergrund eines Zwistes offenbaren, wenn einer der Mitspieler von der Bühne verschwand? Im übrigen weigerte sich seine Natur im vorliegenden Fall, an einen verhängnisvollen Ausgang zu glauben. Zu welchem Zweck?

– Schauen Sie her, Gevatter! Fassen Sie sich und denken Sie nach! Mit diesen Dingen geht man nicht so leichtfertig um. Augusto ist ein verständiger Mensch. Teufel nochmal! Niemand überzeugt mich davon, daß er sich von einer Stunde auf die andere so verändert hat, daß er jemanden beleidigen könnte. Jedenfalls, sollte er aus irgendeinem Grund schlecht gehandelt haben, so ist er Manns genug, Sie um Verzeihung zu bitten. Ich verbürge mich dafür, ihn dazu zu bringen.

Perlen vor die Säue geworfen.

– Ein letztes Mal: sagen Sie es oder nicht?

– Gott behüte! Hören Sie ...

– Sie sagen es nicht. Schön, dann eben nicht ...

Zusammengesunken und mit dem Tod ringend sah er den Gevatter von neuem die Waffe entsichern und seine Suche wiederaufnehmen. Er hörte sogar im Hof den Schuß krachen, der seinen Bruder niederstreckte. Und fordernd und unerbittlich hallte immer dieselbe Frage in seinem Geist wider:

– Warum?

Eine lobenswerte, aber offensichtlich wirkungslose Frage an eine doppeldeutige, zweischneidige Wirklichkeit, die sich ebenso durch Tatsachen wie durch Worte äußerte.

Bedächtig harrte das erwartungsvolle Gemurmel des Dorfes darauf, daß der Rest des Dramas über die Bühne ging, gewiß, daß es ein rotes, ansteckendes Atridengesetz des Blutes gibt. Ein berauschendes, leises, in der Retorte des Instinkts destilliertes Gesetz, welches das Gewissen lähmt und den Haß blind und taub schürt. Ein rückschrittliches, zentripetales, nukleares Gesetz, welches das Sein an das Anfangschromosom bindet und zur Gefolgschaft an die Erzeugersippe mahnt.

Als es sich erfüllte, und ein Sohn des zweiten Opfers seinerseits die Brust des Totschlägers mit zwei Kugeln durchbohrte, wünschte sich niemand mehr als dieses Siegel der Bestätigung, objektives Kennzeichen des Geschicks.

Tötlich getroffen, konnte Guilhermino noch steifbeinig zweihundert Meter fortschwanken. Doch er verstärkte das Gemeinschaftsbewußtsein kaum, als er vor dem Zusammenbrechen sagte:

– Jetzt hat man mich getötet.

Wieder ein Mal war der heilige Pakt allen unverdorbenen Lebens erfüllt worden. Getreu der Stimme der Wurzel, rächte der Saft die Hand, die eines Tages – gestern, vorgestern, vor tausend Jahren – sich gegen sie erhoben hatte. Was nutzte es da, daß die Ortschaft Lobrigos hieß, daß der Ausgangspunkt des

Geschehnisses der Zwist um einen Pferdehandel war, daß eine mögliche Gerichtsverhandlung alles auf Streitfragen und Stempelpapier beschränkt hätte? Andere Verbrecher würden kommen, Abkömmlinge von Kindern der Verbrecher. Andere, noch grausamer, noch unbeherrschter und blinder. Aber jedem Opfer würde ein Rächer entsprechen, ein seinerseits grausamer, unbeherrschter und blinder. Der erfahrene Pessimismus des griechischen Chors sprach so gut wie nicht, er stöhnte. Irgendein Glückspilz, der dem Wüten des Schicksals entkommen war, konnte sich als Liebhaber von Betrachtungen damit abgeben, die ausgerenkten Glieder der Tragödie wieder einzurenken.

Und damit verlieh er dem Verhängnis einen Sinn.

Seestück

Die Erinnerung an sie kam stoßweise, als leide seine Seele an Wechselfieber. Plötzlich und unverhofft überfiel ihn die unerbittliche Flut drängenden Verlangens, sie zu besitzen, sie zu sehen, in seinen rasenden Sinnen ihr Bild mit der Wirklichkeit zu vertauschen. Zunächst war es anders. Die Versuchung begann heimtückisch, verstohlen, und bestürmte die Festung allmählich und voller List. Erst die äußeren Mauern; sodann nach und nach die Haupttore des Forts. Die Burg ergab sich, aber in Ehren. Dann aber erfolgte die plötzliche Niederlage. Ohne sich dessen gewahr zu werden, war er plötzlich in der Hand des Feindes. Erst als der Körper erschöpft nachgab, verlor das Gespenst sich im Nebel, fortgetragen von denselben Schwingen, die es gebracht hatten.

Bezwungen von dieser krankhaften Gegenwart, verharrte er tatenlos im Boot und überließ sich den Mächten des Alptraums.

Lúcio war Fischer. Und mehr als ein Mal hatte er dem Tod ins Auge geschaut, infolge jener rauschhaften, wollüstigen Trägheit außerstande, sich gegen die Wogen zu verteidigen.

– Du, Hammel, warum ruderst du nicht?

Sein Bruder, der Glückliche, erlebte dergleichen fiebrige Heimsuchungen nicht. Belmira war kein Gespenst seiner Einbildungskraft. Wenn ihm danach war, umarmte und küßte er sie als willkommener Bräutigam.

– Was ist?

– Hast du nicht die Woge des Meeres gesehen? Oder glaubst du, Ziegen zu hüten?

Verirrt in nächtlicher Finsternis, fischten sie beim Licht einer Fackel. Und der Steuermann des gebrechlichen Schiffchens - ihrer einzigen Rettungsplanke über dem Abgrund – vergaß, es zu lenken!

– Was zum Teufel ist los mit dir?

Er litt an dem verliebten Malariafieber im Blut und insbesondere an der Vergiftung, die es nach dem Anfall in ihm hinterlassen hatte: ein unausgesprochener und niederschmetternder Starrsinn, den er nicht einmal sich selbst eingestand.

Wann dieser verbrecherische Gedanke aufgetaucht war, wußte er nicht. Im übrigen hatte er, von so viel Gemeinheit eingeschüchtert, ihn nie in klare Worte gefaßt. Aber in seinem tiefsten Innern wußte er, daß sein Bruder das Ziel der Versuchungen war. Wenn er einen Knoten in das Seil knüpfte oder das Fangnetz aufschnitt, wußte er nicht mehr mit Sicherheit, ob er einen Hals würgte oder einen Bauch aufschlitzte.

– Ich muß weg von hier, – murmelte er auf dem Weg zum Strand, von einer Verzweiflung gezeichnet, die durch den Sand nur noch vertieft, ihm durch die Wellen unermüdlich eingehämmert wurde.

Nun verließ er zum ersten Mal Baleal und verbrachte den ganzen Winter und den ganzen Frühling im Alentejo mit Säen, Jäten und Weizenmähen. Als wäre es ein Heilmittel, sich vierzig oder fünfzig Meilen vom Ursprung seines Begehrens zu entfernen! Das zarte Grün der Saatfelder, welches die graue Verzweiflung des Tieflands mit verschwiegener Hoffnung färbte – das war das Abbild des jungen Mädchens, das ihm in seiner menschlichen Einöde zulächelte. Wenn er Unkraut auf den Feldern jätete – dann holte ihn der Blitz der Besessenheit wieder ein! Und wenn er erntete, war jede Korngarbe für ihn der ruhende Körper einer Frau.

Als er nach Beendigung der Erntearbeit zurückkehrte, war er schlimmer dran als bei seinem Fortgang.

Von neuem an der Seite des Bruders, nunmehr Führer des Bootes, in dem er fortan Fischer war, und während er erlebte, wie die Strickringe sich in das Ruder und in die Nabelschnur verwandelten, welche die Bootsbesatzung an die Erde band, hörte er schon deutlich die Stimme seines geheimen Dämons:

– Ich bringe ihn um! Wenn ich hier bleibe, bringe ich ihn um!

Es war nicht eigentlich Haß, was er fühlte. Es war ein tierisches Bedürfnis, einen Nebenbuhler aus dem Wege zu räumen. Das junge Mädchen hatte ihn nie beachtet, aber vielleicht würde sie es unter anderen Umständen tun. Aber er wünschte sie sich frei und seinem Ruf geneigt. Der Sonne seiner Angst ausgesetzt wie die Muscheln, welche die Flut nachts auf den Strand warf und auf die er als kleiner Junge morgens als erster mit seinen kühnen Pionierfüßen trat.

– Ich werde auswandern, Mutter!

Die alte Clarinda blickte ihren Sohn mit den Augen der Seele an, denn auf den anderen war sie blind. Sie fragte nur:

– Tust du es wegen Belmira?

– Wegen ihr und …

Angesichts einer solchen Richterin ermangelte es ihm an Mut, die ganze Wahrheit zu bekennen. Daher kam ihm die Mutter von neuem zuhilfe:

– Und wegen ihm …

Befreit von dem toten Gesicht eines Verbrechens, das bereits auf seinen Schultern lastete, noch bevor er es begangen hatte, überließ er sich wie ein verlassenes Kind dem Schoß aus Salz und Schmerz und weinte. Und während die Mutter seine tiefe Wunde mit Balsam betäubte und ihm mit ihrer schwieligen Hand über das dicke Haar strich, brachte er schluchzend die

Finsternis seines verdrängten Kampfes ans Licht.

– Ich bringe ihn um! Wenn ich hier bleibe, bringe ich ihn um!

Von rätselhaftem Nebel bedeckt, glichen Clarindas Augen gleichgültigen und kalten Leuchttürmen des Schicksals. Aber ihre Finger, in ihrer unermüdlichen Zärtlichkeit Antennen eines warmen, mitfühlenden Herzens, übermittelten ihm ein zerrissenes und dankbares Lebewohl.

Nun sah er, wie wahrhaft groß, weit und tief das Meer war, an dessen Ufer er bisher nur gespielt hatte. Und wie sehr es trennte! Die Entfernungen auf dem Festland ließen sich durch Anstrengung und Einbildungskraft überwinden. Aber Dinge, welche die riesenhafte blaue Hand langsam fortschob, wurden langsam Nebel und Vergessenheit. Wie konnte Belmiras Antlitz die Deutlichkeit der Zeichnung in einem stets wogenden, stets unendlichen und trüben Spiegel bewahren? Als bescheidener Küstenfischer war er seit seiner Kindheit stets mit Sand in Sichtweite zur See gefahren – jenem Sand, auf dem sein leidenschaftliches Herz schlug. Nun hatte er sich in einer Wasserwüste verloren und vermochte die Erinnerung trotz größter Anstrengung nicht zu lenken. Ohne jeglichen Anhaltspunkt verwelkte das aus dem Erdboden gerissene Abbild seiner Verzweiflung zusehends.

Zwanzig Jahre harrte Lúcio in der Neuen

Welt aus, an deren Gestade er gelandet war. Endlich in Frieden hatte seine Seele Liebe und Rache vergessen. Geläutert von den schmutzigen Leidenschaften, die sie entstellt hatten, blühte sie auf der Oberfläche des tropischen Teichufers, das ihre Wiedergeburt rein und frisch erlebt hatte, neu auf. Wiederum Fischer in diesem warmen, trägen Ozean konnte der Heimatferne das Leben eines natürlichen Menschen führen, gefesselt an das ewige Verlangen, der Natur das tägliche Brot abzugewinnen.

– Wann kommst du zurück? – fragte ihn Baleal in einem salzgetränkten Brief.

– Irgendwann ...

Aus Angst vor dem schlummernden Vulkan gab er eine ausweichende Antwort. Er fürchtete, angesichts des jungen Mädchens könnte sein Haß auf den Bruder von neuem entflammen.

Obwohl Lúcio ein schlichtes Geschöpf aus Fleisch und Blut war, erkannte er in Anbetracht seiner Erlebnisse auf hoher See und seiner Entdeckung ihrer Bedeutung die menschliche Natur allmählich immer genauer. Und er wußte, daß ein scheinbar erloschener Feuerbrand eine lodernde Glut verbergen kann.

Eines vor allem warnte ihn: die Kälte, mit der er die Frauen betrachtete. Selbst wenn sein erregter Körper sie begehrte, hielt ihn sogleich eine geheime Kraft zurück. Und dieser Zoll an die Keuschheit, den er keiner Göttin entrichtete, der aber doch ein Opfer war, ließ ihn den eigenen Gefühlen mißtrauen. Die Verbannung durfte noch nicht enden.

So verstrichen die Jahre, und erst nachdem zwanzig vergangen waren, traf das endgültige, wiewohl schwarze Zeichen ein.

Die Geschichte dieser langen Trennung, die das Schicksal mit solch feiner, unauffälliger Grausamkeit angeregt hatte, wies verschiedenartige Wendepunkte auf. In der groben Schrift ihrer Helden, Chronisten der eigenen Taten, kreuzten die Kapitel eines jeden Abenteuers einander in alltäglicher Aufrichtigkeit auf den Wogen. Doch da niemand, ob nun aus Harmlosigkeit oder Vorsicht, den tieferen Beweggrund der Verwicklung suchte, fehlte dem formlosen Roman ein rechtfertigender Kern, ein Stamm, der die Äste vereinte. Es war ein mühsames Sammelsurium von Tatsachen – Schiffbrüche, Krankheiten, Feste, Geburten – ohne das Band einer sie verknüpfenden Ursächlichkeit. Nur zwei sibyllinische Einzelheiten begrenzten Anfang und Ende der Erzählung: Belmiras Hochzeit und ihr Tod.

Sie hatte gleich nach Lúcios Abreise geheiratet und war während der Geburt ihres achten Kindes gestorben.

– Mensch, warte doch noch ein paar Tage! – bat sein Bruder, als er erfuhr, daß er abreisen wollte. – Feiere doch wenigstens unsere Hochzeit mit!

– Keine Rede davon! Wenn der Augenblick einmal gekommen ist …

– Nur noch eine Woche …

– Gib dir keine Mühe.

In der Erinnerung der Familie blieb diese rätselhafte Hast eingegraben, genau wie seine plötzliche Ankunft, als die allgemeine Trauer noch einen Schatten auf das Dorf warf.

Die Nachricht vom Ableben der Schwägerin erreichte den Ausgewanderten an einem traurigen Vormittag, an dem vier Wände seine Einsamkeit ummauerten. Und obgleich ein derartiges Ende seine Trostlosigkeit nur verstärkte, sandte es ihm gleichzeitig einen Entlassungsbefehl aus dem freiwilligen Gefängnis, in das er sich gesperrt hatte.

– Jetzt kann ich.

Und er fuhr zurück.

Seine Mutter saß nach wie vor auf der Schwelle der Haustür in Hut und Umhang wie ein steinerner Götze, der auf die Fleischwerdung seines Geistes wartet. Sanft und dem Geheimnis seiner heldenhaften Selbstverbannung getreu, streichelte sie sein Haar wie bei seiner Abreise.

– Mein armer Junge!

Aber sie sagte kein Wort über die Schwiegertochter und auch nicht über die Sehnsucht, die diese nach ihm empfunden hatte. Sie beschränkte sich darauf, den toten Raum seiner Abwesenheit mit Zärtlichkeit zu schmälern.

Als der Bruder, der auf dem Meer gewesen

war, heimkam und ihm ahnungslos über das Trauerspiel, das sich abgespielt hatte, die offenen Arme entgegenstreckte, umarmten sie sich wie zwei Reben. Beide waren verändert, vor allem der Entflohene. Und während der andere sich bemühte, seiner Zuneigung das neue Bruderbild vertraut zu machen, erhob er Einspruch gegen Lúcios beharrliche Weigerung, jemals auch nur ein Foto von sich zu schicken.

– Es war nicht nur meinetwegen, auch wegen Belmira, Gott sei ihrer Seele gnädig, und wegen der Kinder, die dich nicht kannten.

Nun entfachte sich der Funke, der unter der Aschenglut tatsächlich nicht erloschen war, zu neuem Leben.

Und mit ihm kam eine jähe und seltsame Antwort, die jeder auf seine Weise auslegen konnte:

– Ich habe keines geschickt, weil Mutter mich nicht sehen konnte.

Der Millionär

Der Vorstandsvorsitzende der Wollindustrie A.G., Palmiro Cunha, hatte wieder einmal die Jahressitzung mit den Teilhabern seines Großunternehmens beendet. Obwohl alles mit größter Zurückhaltung abgelaufen war, vom klugen Lächeln bei der Dividendenverteilung bis zur komplizenhaften Zustimmung zu den Machenschaften der Bilanz, hatten die langen Stunden der Erfolgsberichte und Gewinngier ihn ermüdet. Er, der es zu Anfang als höchsten Triumph seines Lebens erachtet hatte, den durch den Tod seines Schwiegervaters freigewordenen Direktorenposten einzunehmen, verließ jetzt jede Aufsichtsratssitzung uninteressiert und schlafwandlerisch.

– Fühlen sie sich schlecht, Senhor Cunha? – fragte anteilnehmend einer der Aktionäre, bedingungsloser Bewunderer seines Verwaltungsgenies.

– Nein, es ist das Wetter.

Der andere blickte aus dem Fenster und sah nichts. Der reine Himmel und das leuchtende Licht drangen in seine Augen. Trotzdem schwieg er. Der Präsident mußte wissen, was er sagte.

Doch gleich, ob gut oder schlecht gelaunt, ob im Geist der Interessierten geschätzt oder nicht, konnte der Industrielle sich endlich verabschieden und fortgehen. Während die übrigen sich noch in kleinen Gruppen über den Bau der neuen Anlagen unterhielten oder träge die Dividenden verdauten, durchschritt er mit ebenso abwesendem Gesicht das eiserne Fabrikportal.

Dienstbeflissen nahm sein Fahrer die Mütze ab und öffnete den Wagenschlag.

– Fahren Sie den Wagen nach Hause. Ich gehe zu Fuß.

Auch der junge Mann wollte angesichts der Haltung seines Chefs und dessen offensichtlicher Traurigkeit fragen, ob er krank sei. Aber er wagte es nicht. Er drückte die Mütze auf den Kopf, setzte sich ans Steuer, warf den Motor an und fuhr achtungsvoll und langsam an ihm vorbei, um zu sehen, ob er sich nicht vielleicht anders entschied. Palmiro Cunha indes entfernte sich wie jeder andere Sterbliche und ließ den Cadillac leer weiterfahren, bis er in der Ferne verschwand.

Das Wetter war wirklich ausgezeichnet, und man konnte es keinesfalls für die schlechte Verfassung des Millionärs verantwortlich machen. Es zu beschuldigen, war einer der gewohnten Kunstgriffe, denen sich der Nabob bediente, um den Gespenstern eines Lebens zu entfliehen, das genau wie seine Geschäfte eine doppelte Buchführung erforderte. Und genau diese Verdoppelung war er leid. Der unabläßigen Bemühung müde, jede Behauptung im Einklang mit den Notwendigkeiten in eine Wahrheit oder eine Lüge zu übersetzen. Angewidert davon, in der Liebe, im Glauben, in der Moral, in der Politik, in den Produkten und in allem übrigen betrügen zu müssen. Keine Gebärde, kein Wort, kein Werk, das er ausführte, besaß Echtheit. Als Säule einer Gesellschaftsordnung, die er seit fünfzig Jahren stützte, fühlte er seinen Lebenskern von Totenwurm und Unrast angenagt. Als im Rahmen der Konventionen vorbildlicher Ehemann wußte er indes, daß seine Frau ihn betrogen und er sie gleichfalls betrogen hatte; als außerordentlich liebevoller Vater, dem das Glück seiner Kinder am Herzen lag, war er Werkmeister der schlechten Eheschließungen gewesen, die sie eingegangen waren; als aktives Mitglied von Wohltätigkeitsvereinen, von religiösen Bruderschaften, von vaterländischen Verbänden, überschwemmte niemand die Gesellschaft mit mehr Schwindsüchtigen, Ungläubigen und Aufsäßigen. Und da es ihm nicht gelungen war, diese umgekehrte Pyramide auf der Sandfläche seiner Tage ins Gleichgewicht zu bringen, hatte ihn schon seit geraumer Zeit unbezwinglicher Überdruß befallen, für den er weder Verständnis noch ein geneigtes Ohr fand.

Es war ein wahrhaft schöner Nachmittag, der allmählich in den grünen Hügeln versank, welche die Stadt auf zwei Seiten rahmten. Friedlich floß der Fluß, der die Straße säumte, kühl und zufrieden dahin. Und Palmiro Cunha wanderte gemächlich daran entlang, bis er zum großen Platz mit dem Kai gelangte. Dort blieb er stehen und lehnte sich an die eiserne Ballustrade.

An ihren kleinen Ankerplätzen vertäut, glichen die stillen, nebeneinander liegenden Boote Rindern vor ihren Futterkrippen. Am Bug eines jeden kochte die Besatzung ihr Essen. An einem Querbalken hängend, dampfte ein Kessel über dem Feuer. Und ringsumher drängten sich hungrige Männer.

Auf der Laderampe türmten sich Brennholzklötze und trockene Buschwaldbündel. Heidekraut, Ginster, Erdbeerbaum- und Zistrosenzweige.

– Darf ich Ihnen etwas anbieten?

– Nein, vielen Dank.

Als das Gulasch zubereitet war, begannen ein alter und ein junger Mann ihre Mahlzeit. Brüderlich aßen sie aus derselben Schüssel und tranken aus derselben Kürbisflasche.

Fiebrig und lärmend beendete die Stadt ihren Tag in einem Wirbel von gescheitertem oder verbrecherisch befriedigtem Ehrgeiz, während jene kleine, fast verborgene Welt in ihrem Herzen Stille und Frieden genoß. Die Sauberkeit des Stroms nahm alle Unreinheiten mit. Und die hohe Ufermauer beschützte diesen Zufluchtsort vor Überfällen vom Land.

– Wenigstens einen Schnaps.

– Vielen Dank.

Die Nähe des Fremden störte sie wenig oder gar nicht. Schlicht und natürlich stillten sie Hunger und Durst. Und Palmiro Cunha lehnte am Geländer der Kaimauer wie ein Verurteilter, der aus dem Gefängnis heraus eine Szene in der Freiheit beobachtet.

Er war ein verlorener Mann. Die Angst schon ohne Kraft zur Befreiung, über die Erinnerung an die Verbrechen gebeugt wie eine Trauerweide über ihren See. Auf einem dieser Boote oder auf einem seiner Vorgänger war er eines Tages aus einem Land angekommen, dessen Name er nie mehr erwähnt hatte, damit niemand den Mann, der er heute war, in dem einst verstoßenen Kind erkennen konnte. Er hatte sich in einem tief in die Felsen gehauenen kleinen Hafen weit weg von hier, fast an der Quelle des Flußes, eingeschifft. Als einziges Gepäck hatte er im Versteck seiner Hosentasche die Glocke des Leitschafs der von ihm bis dahin gehüteten Schafherde mitgebracht. Dem Halsband des Tiers den klingelnden Zeugen seiner Kindheitswanderungen zu stehlen, war eine so instinktive Tat gewesen, daß er sie fast unbewußt begangen hatte. Ohne es sich zu vergegenwärtigen, hatte er beobachtet, wie seine Hände den Halsriemen losbanden, um damit das Sinnbild eines Glücks zu verwahren, das er später verlieren sollte.

Die Etappen seiner abenteuerlichen Reise

standen ihm noch lebhaft und frisch vor Augen. Die von unten gesichteten, vor Lebendigkeit strotzenden Bergzüge, die sich im Wasser spiegelnden Erlen, die darin greifbarer waren als im Raum; und die Anmut, die Bewegung und die Farbe aller vorüberziehenden Dinge – einfach weil das Boot behend dahinglitt. Durch Niederungen, Biegungen und Windungen enthüllte der Fluß ihm allmählich das Geheimnis allumfassender Größe, die nicht endet, die sich erneuert, die immer winkt. Mithilfe immer weiterer harmonischer Zusätze wuchs die wundersame Rechnung auf der Schiefertafel, ohne daß jemand darauf schrieb. Samtweich und scheu schlängelte sich die flüssige Straße durch die Härte aller Gegenwarten. Und auf der Linse verblieb nur die sanfte Liebkosung der Verzückung.

– Fertig, Junge! Geh mit Gott ...

Mit dem gleichen Frohlocken jener Stunde hörte er die unerwartete Angriffslust von Onkel Bentos rauher Stimme, die ihn von Bord verbannte wie ein grausamer Noah, der ein Lamm aus der behaglichen Arche stieß. Da hatte kein Betteln und kein Jammern gefruchtet, bereute er doch bereits, mitgefahren zu sein. Unbeugsam hatte der Alte ihn am Kragen gepackt und auf dem Kai abgesetzt.

Und da stand er nach fünfzig langen Jahren wieder und legte sich Rechenschaft über seine Taten ab. Ein verlorenes menschliches Wesen! Eine Seele, die mit allen Mächten der Erniedrigung paktiert hatte. Eine Spinne, die ihr tückisches Netz in den fragwürdigen Winkeln des Lebens gewebt hatte, so sah er sich jetzt, fleißig und unheilvoll. Haargenau, wie in einen weichen und danach gehärteten Weg aus Zement geritzt, sah er alle Schritte, die er seit jenem lange zurückliegenden Tag bis heute getan hatte. Kein einziger großherzig oder unbegründet! Alle von praktischem, ehrgeizigem Eigennutz gelenkt. Keine verlorene Minute, keine Ablenkung, keine Ermüdung. Wenn der Mut ihn im Stich ließ, galt es, noch rascher auszuschreiten, damit die anderen sahen, daß sein Tätigkeitsdrang ohne Unterlaß zunahm. Denn vor allem verteidigte er sich gegen die anderen. Gegen die anderen, die er hinterging, die er bestahl und bezwang, sobald er ihnen die Gewißheit gab, eine unbeugsame, triumphierende Macht in Bewegung zu sein, unempfindlich gegen die kleinen Schwächen, die ihnen Abbruch taten.

– Was mag wohl der Vogel dort hier suchen?

– Welcher?

– Der Cunha …

Über seine Schulter warf er einen vorsichtigen Blick auf die vorüberschlendernde Gruppe. Und er traf den Blick eines Unbekannten, der ihn mißtrauisch musterte.

– Ach, das ist doch der berühmte …

Die Unterhaltung voller versteckter Anspielungen verlor sich in der Allee. In dem entstehenden Stillschweigen verblieb nur die feindselige Verlassenheit einer unwiderruflichen Verurteilung.

– Sie hier, Senhor Palmiro?!

Gereizt drehte er sich um. Es war ein Firmenkunde. Einzelhändler.

– Ja, stimmt!

– Wir haben scheinbar große Gechäfte vor! ... Fortan auch eine Transportfirma, wie? Immer an vorderster Front ...

– Nein. Ich schaute mir nur den Fluß an.

– Na so was!

– Sie können mir's glauben.

Verlorene Liebesmüh! Wo er nun einmal mit Händen und Füßen vor den Karren des Kuhhandels, des Geldes, der falschen Gefühle, der Heimtücke, der Entartung und der Heuchelei gespannt war, wer konnte ihm da eine Minute der aufrichtigen und glasklaren Geistesverfassung glauben?

Zum Glück hatte der Störenfried es eilig.

– Guten Abend, und verzeihen sie die Störung!

– Guten Abend.

Tatsächlich war die Dunkelheit hereingebrochen, und die Schar der Boote dort unten war zur Ruhe gegangen. Im Bauch des Bugs versteckt wie Hasen in ihrer Höhle, überließen die Bootsführer sich der Müdigkeit. Nun hatte der Fluß eine vernehmliche, geheimnisvolle und eilige Stimme.

Tragisch war, daß er das Netz nicht auflösen

konnte. Ist der Mantel des Lebens einmal gewoben, läßt er sich nicht in den ursprünglichen Knäuel zurückverwandeln.

– Was! Wie! Träume ich denn?

Noch einer. Ein anderer, der kam und die Reinheit des erlebten Augenblicks befleckte!

– Du?

– Ja, ich bin's! Ist das so außergewöhnlich, hier zu sein?

– Außergewöhnlich ist es fürwahr!

Noch ein Mal versuchte er, sich zu erklären. Da es sich nämlich um Júlio Abrunhosa, ein Vipermaul, handelte, galt es, die Tatsachen zu erläutern. Und er gestand ihm, daß es ihm auch menschlich behagte, die Nacht auf die Stille des Wassers und den Schlaf der Fährmänner sinken zu sehen. Vergeblich. Der Freund antwortete ihm spöttisch, argwöhnisch, mit dem Versuch, hinter die rechtfertigenden Worte zu spähen.

Nun verteidigte er sich mit der übermäßigen Arbeitsbelastung der letzten Tage und der Plackerei der Vorstandssitzung. So was konnte sich niemand vorstellen! So was konnte jeden Sterblichen umbringen!

Nichts! Abrunhosa erwiderte nur halb höhnisch, halb aufrichtig, ein Kämpfer wie er werde doch nie müde.

Bezwungen warf Palmiro Cunha einen letzten Abschiedsblick auf das dichte Schattenbild der Boote. Er würde umkehren. Seine Flucht war entdeckt worden. Die Gesellschaft verfügte überall über Spione, die alles sahen, die alles weitererzählten und die alles verklärten. Er würde zu Abend essen, er würde die üblichen Besucher empfangen, würde sich Neuigkeiten anhören, und wenn die Enkel eingeschlafen waren, der Sohn zu seiner Geliebten entwichen war, und die Frau sich zu Bett gelegt hatte, würde er sich wie immer ins Arbeitszimmer zurückziehen und seine Berechnungen anstellen. Bis ihn von so vielen Zahlenreihen, von so vielen Zigaretten und von so viel Einsamkeit eine beklemmende Angst überfiel, die nur ein altes Geheimrezept linderte: der Klang des Glöckchens, das er im gleichmäßig langsamen Rhythmus einer weidenden Herde an seinem Ohr erklingen ließ.

Wiedergeburt

Es war harte Büßerarbeit. Es steht außer Zweifel, daß die Gemeinschaft friedlicher Mitglieder bedarf. Von Natur oder Erziehung aus friedfertig. Und nur wenige Monate nachdem er der Regierung wegen einer Reihe von Diebstählen und sonstigen Vergehen überstellt worden war, hatte das große Werk der Resozialisierung des Verurteilten begonnen.

Der erlösende Ruf war vom eifrigen Meister der Werkstatt ausgegangen.

– Ich habe den Eindruck, daß aus Bernardo etwas zu machen wäre ... – begann er und versenkte damit ein gesundes Saatkorn ins Herz des Sozialarbeiters.

– Meinen Sie?

Eine der Bedingungen für den, der an der Prothese der Menschheit arbeitet, ist, an Wunder zu glauben. Und obwohl Fontes sich insgeheim von der höhnischen Miene des Häftlings abgestoßen fühlte, verdrängte er seine Gefühle.

– Der Bursche hat seine guten Seiten ... – fuhr der andere hartnäckig fort.

– Wenn das so ist, sollte man es versuchen.

Nun begannen die eifrigen Besuche sowie die behutsame methodische Belehrung des Gefängnisinsassen. Monate und Jahre der zähen Berieselung seiner verhärteten Verbrechernatur mit Tugendlehren. Ratschläge, Erbauungsschriften, Versprechen. All die unaufdringlichen Hilfsmittel für eine vollkommene moralische Erneuerung.

Vor dem Unwetter war niemand dem jungen Strauch beigesprungen; aber jetzt, da der Wind des Lebens ihn ausgerissen hatte, umgab man ihn mit Zaunpfählen und Wachsamkeit, in der Hoffnung, er möchte sich von neuem im Erdboden verwurzeln.

Jedes Bedürfnis erhielt Beistand, jedes Zaudern Ansporn, jede Klage Trost. Eine ganze Bürokratie wurde in den Dienst dieses verirrten Lamms gestellt, für das die übrige Herde mitlitt. Eine vollständige Hierarchie von Aposteln beugte sich liebevoll bemüht über das rätselhafte Herz des Kranken. Würde er sich wieder in den normalen, geordneten und eintönigen Rhythmus des Verbandes einfügen oder wie bisher ein launenhafter Zauderer bleiben?

Noch einmal wurde die langatmige Prozeßakte durchgelesen und überdacht. Und im unbarmherzigen Tageslicht, das jeden möglichen Irrtum ausschloß, ließ sich zum Glück nachweisen, daß selbst hier die Hoffnung ein Plätzchen fand.

Da es sich aber trotz allem als notwendig erwies, auf unverrückbar festem Grund zu bauen, wurde die Zusammenarbeit noch erweitert. Man bat um Verstärkung durch eine Riege feinsinniger Sachverständiger, die imstande waren, Geheimnisse zu ergründen.

Welche Erleichterung! Welche Freude! Der Tote erstand von neuem zum Leben. Lazarus erhob sich aus dem Grab! Eine normale psychiatrische Untersuchung; durchaus richtige emotionale Reaktionen.

Dies und andere objektive Beweise – vorbildliches Verhalten, überdurchschnittliche Arbeitsleistung, bedingungsloser Fleiß – lösten im Lager der Gerechten die berechtigte Begeisterung großer Eroberungen aus. Und als Echo dieser Befriedigung flossen in Bernardos Hände die greifbaren Früchte seines neuen Frühlings: Geschenke, Vertrauensbeweise und die erste Auszeichnung.

So belohnte die Gesellschaft die ihren, die ins Heim zurückkehrenden verlorenen Söhne.

– Bernardo, ich habe deinen Fall mit Anteilnahme verfolgt …

– Ich bedanke mich bei Eurer Exzellenz ganz herzlich …

– Du brauchst mir nicht zu danken. Meine Rolle in diesem Strafgerichtshof ist nicht die des Henkers, sondern die des Beschützers. Daher verdienen alle Verurteilten meine liebevollste Betreuung. Könnte ich doch nur die Namen all der hier Inhaftierten aus dem schwarzen Buch des Verbrechens tilgen!

Ohne zu blinzeln, blickte Bernardo in das müde, gedunsene Gesicht des Richters. Der andere, der ihn verurteilt hatte, besaß ein noch gedunseneres Gesicht.

– Aber kommen wir zum Wesentlichen. Glaube mir, jeden Tag überzeuge ich mich mit echtem Stolz mehr davon, daß du noch ein brauchbarer Bürger, ein deinem Vaterland nützlicher Mensch werden kannst!

Allseitig von diesem heiteren Meer der Zärtlichkeit umgeben, gedieh die menschliche Würde in der Seele des Strafgefangenen wie der Most in seinem Gärbehälter. Man brauchte ihn nur anzusehen.

– Was hast du vor, wenn du hier herauskommst?

Die Freiheit, die bisher nur auf den flüchtigen Schwingen des Möglichen versprochen worden war, begann sich in eine realistische Aussicht zu verwandeln. Und Bernardo, der sich bisher der Neugestaltung seiner Natur passiv ergeben hatte, sah nun, daß es Zeit war, zu dem großen Ereignis so verschwiegen wir möglich Stellung zu beziehen. Wenn das, was er während seiner ganzen Haftzeit gesagt und getan hatte, subjektiv nicht von Belang war, so mußte er jetzt, wo er von neuem Herr seiner Taten sein würde, diese bestimmen und ihre Tragweite berechnen. Daher schickte er sich an, so geduldig und eingehend, wie seine eigene Erneuerung von den anderen durchgeführt worden war, selbst einen tatkräftigen und sibyllinischen Plan menschlicher Dauer und Bewahrung dessen auszuarbeiten, was in ihm unveräußerlich war. Nur dies: noch am Tag seiner Entlassung in den Schmuckladen Cruz einzubrechen.

Das wäre eine runde Sache. Erstens, weil er damit der gesamten Heilsarmee, die ihn geheilt hatte, eine unwiderlegbare Antwort geben würde; zweitens, weil kein Mensch ihn eines am Tag seiner Haftentlassung begangenen Vergehens verdächtigen würde.

Zwei Fliegen mit einer Klappe. Gegen die massive Mauer des Kollektivs nichts als der unbezähmbare Wille eines einzigen Mannes. Und das Beste daran war noch, daß dieser arme Wurm, dieser Hans Niemand, er selbst war, Bernardo Mendes Capelo – verhaftet, verurteilt, wieder angepaßt und schließlich frei.

Daß das, was er fühlte und was er ausstrahlte, einander widersprach, störte keineswegs seine selbstgefällige Seelenruhe. Da er Partei ergreifen mußte, wählte er einfach das, was seinem Instinkt und seinem Verstand zusagte. Nun forderte sein Instinkt von ihm einfach hemmungsloses Handeln und eine von Gefahr und Triumph begleitete Unternehmungslust. Was den Verstand betraf, so verlangte dieser als Beweis für seine Selbständigkeit nur das Recht, sein gleich wie geartetes Schicksal zu wählen.

Die beiden Stellungnahmen, die der Katecheten und die des Strafgefangenen, besaßen verschiedenartige Möglichkeiten. Bei Licht besehen, erstrahlte das großherzige Gold der Begnadigung und des Zutrauens, das vom hohen Berg der dem Dienst an der Gemeinschaft gewidmeten Herzen herabstieg, heller. Dennoch war auch Bernardos unerschütterliche Sicherheit auf seinem persönlichen, einsamen Lebensweg, der sich auf ein unbeugsames Vertrauen in eine Art irrationale Wahrheit stützte, sehr stark.

Da die beiden Auffassungen sich keines gleichwertigen Schutzes erfreuten, mußte die des Verurteilten im Verborgenen bleiben, in Erwartung der günstigen Gelegenheit.

Und diese Stunde kam am 11. Mai.

– Bernardo, angesichts der von dir gegebenen Beweise, der höchst vorbildlichen Art, wie du dich hier stets betragen hast, der unablässigen Beachtung der Vorschriften, der sichtbaren Zeichen deiner Reue, des ärztlichen Attestes, des Gutachtens seitens des technischen Beirats, und so weiter und so fort, habe ich beschlossen, dich in die Freiheit zu entlassen.

– Recht vielen Dank, Herr Doktor Richter.

– Du brauchst mir nicht zu danken. Meine Aufgabe innerhalb dieses Strafgerichtshofes ...

Bernardo konnte diesem Mann nicht sagen, wie er selber die Freiheit empfand und daß er nicht begriff, daß jemand sie gewähren oder entziehen konnte. Es wäre für ihn schwierig gewesen, hätte er ihm erklären wollen, daß er selbst als Häftling sie immer besaß, sei es wartend, sei es sie verhehlend, sei es, daß er schließlich den methodischen Plan zu einem neuen Einbruch ausheckte. Einen völlig unfehlbaren Plan übrigens. Die Travessa do Juncal lag abseits und war schwach beleuchtet. Der Nachtwächter Alves trank üblicherweise seinen Schnaps und drehte erst gegen ein Uhr nachts dort seine Runde. Wenn man zudem bedachte, daß er den Diebstahl genau am Tag seiner Freilassung ausführen würde ...

– Also geh, sei vernünftig und bring dein Leben in Ordnung. Du bist jung und kannst noch jemand werden.

Alle übrigen Mitglieder der Resozialisierung wünschten ihm nach der Rede des Richters Glück und Segen. Alle begleiteten ihn zum Portal mit Wünschen für eine bessere, freundliche Zukunft.

Und nun stand unser neuer Mensch wieder auf der Straße!

Auf dem Weg durch die Stadt sah Bernardo ergriffen neben seiner neuerstandenen Erscheinung den Schatten seiner unversehrten Wirklichkeit. Äußerlich ein sittsamer Bürger, der die Verkehrsregeln beachtete, dankbar für die Höflichkeit seiner Nächsten, korrekt in Gebärden und Worten; innerlich ein wütender Drang, die Künstlichkeit eines aufgesetzten Lebens, das an Polizisten und rote Ampeln gefesselt ist, zu widerlegen.

– Verzeihung!

– Aber bitte ...

Trotz der Entschuldigung schmerzte ihn das getretene Hühnerauge. Dennoch lächelte er herablassend in vollkommener Übereinstimmung mit dem Lächeln all derer, die trotz getretener Hühneraugen keinen Einspruch erheben.

– Haben sie zufällig die genaue Zeit?

– Viertel vor sechs.

– Vielen Dank.

Er steckte die Uhr in die Tasche und beglückwünschte sich zu der Meisterschaft, mit der er seine Doppelrolle spielte. Und in dieser beruhigenden Gewißheit ging er in dieselbe Taverne am Kai zum Abendessen wie zur Zeit seiner früheren Abenteuer.

Dort waren, wiewohl von der Zeit leicht angekratzt, dieselben Freunde und dieselben vertrauten Gegenstände versammelt. Seit eh und je von den Widrigkeiten des Lebens gezeichnete Gesichter und blankgeriebene Bänke, auf denen der Körper es sich auf seine Weise bequem machen konnte.

– Schau, wer da kommt! Unser Bernardo!

Der so ausrief, konnte nicht wissen, wie eng er wahrhaftig zu ihnen und niemand anderem gehörte. Wie sehr er hier, unter seinesgleichen, und wie fern von der Schläfrigkeit der Welt und ihrer Gesetze er immer gelebt hatte. Dennoch bewahrte er Haltung. Nur innerlich kostete er die Leckerbissen der Tante Eugénia und die wahrhaft friedliche Umgebung, die von keinem Erlaß verordnet war.

– Hat man dich für immer heimgeschickt oder nur auf Bewährung?

– Auf Bewährung ...

Der Ernst, mit dem er antwortete, schüchterte die anderen ein. Und in dieser boshaften Verwirrung ließ er sie zurück, um sein ehrenhaftes Leben eines ordentlichen Statisten in der Komödie der Welt zu beginnen.

Zuerst schlenderte er wie zerstreut durch die Travessa do Juncal, um das Gelände auszukundschaften. Sodann beschaffte er sich das notwendige Werkzeug. Schließlich, Punkt elf Uhr dreißig, machte er sich an die Arbeit.

Alles lief wie am Schnürchen, bis plötzlich der Nachtwächter auf den Plan trat, der sich zufällig an diesem Abend mit seiner Frau gezankt und daher seine Runde früher begonnen hatte. In der ihn umgebenden Dunkelheit wurde er auf frischer Tat ertappt. In dem Augenblick, als er mit dem Nachschlüssel das Türschloß öffnen wollte, fiel Alves wie ein Aasgeier über ihn her.

Er leistete keinen Widerstand. Friedfertig begleitete er seinen Fänger und kehrte ins Gefängnis zurück.

Die Rückkehr in die Strafkolonie, in den Schoß der Erlösung, den er soeben verlassen hatte, ließ auf sich warten. Monate waren notwendig, um von neuem vor den Werkstattmeister, vor den Sozialarbeiter, den Direktor, den Kaplan und schließlich vor den Richter geführt zu werden. Lange Monate des Wartens auf diese Stunde teuflischer Rache. Aus der Spreu, die er gesät hatte, wollte die Gesellschaft Weizen ernten. Hier also gab er ihr die vermehrte Spreu zurück.

– Und nun, Bernardo?

– Da sind wir wieder!

Jeder hatte für ihn eine wohlvorbereitete Predigt auf Lager, und jeder schluckte sie herunter angesichts der Seelenruhe, mit der er sie anblickte.

– Und nun?

Verzweifelt waren sie, die sie keine Lösung für den Bankrott dieses Lebens fanden. Unablässig drehten sie das orthopädische Handbuch, das schließlich als zerfleddertes Stroh zu Boden fiel, in ihren rastlosen Händen.

– Wir haben all unser Vertrauen in dich verloren! – stöhnten sie erschüttert.

– Das verstehe ich ...

Als stolzer, unumschränkter Herrscher in diesem Reich der Verwirrung, stieg Bernardo nach wie vor ruhig und lächelnd die Stufen der Rangordnung hinauf.

– Ist dir das plötzlich eingefallen?

– Nein. Ich hatte die Sache schon hier haarklein ausgeheckt ...

Man wollte mildernde Umstände ersinnen, jedenfalls die dürre Wüste des Unabänderlichen vermeiden.

– Geh zu! Mach die Dinge doch nicht noch komplizierter ...

Man verschob die Lösung des Rätsels bis

zur letzten Instanz. Vielleicht könnte dort …

– Um des lieben Himmels willen, mein Junge, gleich am ersten Tag?! …

– Sehr richtig, gleich am ersten Tag, Herr Doktor Richter!

Eines Zorneswolke glitt vor den ratlosen Augen des Gerichtsvorsitzenden vorüber. Blind vor Demütigung und einem Gehirnschlag nahe, konnte er nur noch schreien:

– Fort, fort mit diesem Ungeheuer!

Herbst

Paula hielt einen Strauß Nelken in der Hand.

– Was nimmst du?

– Zitronentee.

Sie legte die Blumen auf den Marmortisch, und während ihr Mann mit dem Kellner sprach, blickte sie unauffällig zu der Gruppe hinüber, in der Alberto mit dem Rücken zu ihr plauderte.

– Wie lange gedenkst du bei der Schneiderin zu bleiben?

– Ach, ich weiß noch nicht. Es ist unmöglich, einen genauen Zeitpunkt vorauszusagen, verstehst du!

– Gewiß. Dann ist es wohl besser, daß jeder seiner eigenen Wege geht.

– Das finde ich auch.

– Also: ich muß auf die Post, zum Finanzamt, zur Gerichtsmedizin, zum Bezirksamt ...

Er verstummte. Wozu fortfahren? Parallel verlaufend, würden sein Leben und das seiner Frau sich nie treffen.

– Noch etwas?

– Nein. Danke.

Er bediente sich auch mit Zucker und begann, mit abwesender Miene seinen Kaffee zu schlürfen.

– Hübsch sind deine Nelken … – sagte er schließlich.

– Die Ärmsten, sie tun ihr Mögliches! Nelken im Herbst …

Er begriff nicht genau, ob sie wirklich von den Nelken sprach oder nur die Gelegenheit nutzte, um sich zu beklagen.

Und er beschloß, das Gelände abzutasten.

– Auf späten Blumen ruht eine bestimmte Schönheit … Etwas zugleich Unlösbares und Schwermütiges … Ich mag sie.

Etwas genauso Unlösbares und Schwermütiges empfand sie für Alberto. Eine verblühte Liebe – und dennoch gegenwärtig wie die Farbe des Straußes.

– Welches Zartgefühl! Hätte ich nicht einen Spiegel genau vor mir … So wird es fast zur Grausamkeit!

Tatsächlich war eine Selbsttäuschung unmöglich. In dem klaren Spiegelglas, das sie von der anderen Seite des Raums zurückwarf, welkte alles unwiderbringlich. Bleich, gedunsen und entstellt, flößte ihr Abbild Mitleid ein.

– Ich sprach von den Nelken …

– Ach so. Na schön.

– Was nicht heißen will …

– Um Gottes willen!

Alberto unterhielt sich noch immer mit dem Rücken zu ihnen.

– Gehen wir?

– Wir können gehen.

Während der Ehemann zahlte, stand sie auf und ordnete ihr Haar.

Schon auf der Straße, während sie sich voneinander verabschiedeten, fiel ihm plötzlich der vergessene Blumenstrauß ein.

– Und die Nelken?

– Ich habe sie absichtlich liegenlassen.

Der Ruhm

Aschfahl vor Angst betrat er die Stierkampfarena. Er sollte mit dem zweiten Stier kämpfen, der schwarz und keuchend aus dem Stall stob, wie eine Lokomotive aus einem Tunnel. Noch hallte das empörte Pfeifkonzert der Zuschauer in seinen Ohren, die ihm nun schweigsam die Gelegenheit zur Wiederherstellung seines Ansehens gaben. Er hatte die Beschimpfungen zweifellos verdient, und daher schwanden sie auch nicht aus seinem Gedächtnis. Nie in seinem ganzen Berufsleben war er so feige gewesen. Und auch nie so ausgepfiffen worden. Das Rund der Arena kam ihm vor wie eine von kabbeliger See umbrandete Insel. Und er mitten auf ihr wie ein Schiffbrüchiger, den ein grausames Schicksal an den Strand gespült hatte. Von allen Seiten drangen Lawinen schäumender Wut auf ihn ein. Stürmische, vom Schlamm der Tiefe schmutzige Wogen. Und sein Geist fand keinen Ausweg, einem derartigen Gefängnis zu entfliehen. Da war ihm nur die Selbsttätigkeit des eigenen Körpers zu Hilfe gekommen. Wie ein Blinder durchs Licht tastend, hatte er die Schutzwand erreicht.

– Was war mit dir los?

– Was weiß ich …

– Noch ein Mißgeschick wie dieses, und du bist geliefert.

– Das weiß ich.

So sprach der gute alte Julião, sein Knecht, der ihm gut zuzureden versuchte. Einer der vielen, denen der Ruhm nie gelächelt hatte und die vor der Gefahr ganz menschlich, aus reinem Selbsterhaltungstrieb, fliehen konnten. Wieviele Male hatte er bei vergangenen Stierkämpfen dieses untergeordnete, mittelmäßige und entsagungsvolle Geschick betrachtet! Schon antwortete das Publikum nicht einmal mehr auf seine glücklosen Banderillas, auf seine zögernden Passagen, die tollpatschige Art, mit der er bei der ersten Bedrohung den Kampf aufgab. Von seiner Gegenwart in der Arena erwartete niemand mehr das Geringste. Und er seinerseits wünschte nur eines: unverletzt der Mühsal zu entkommen, in der die anderen die Helden spielten.

– Viel Glück …

– Was?

– Viel Glück.

Erst jetzt bemerkte Gonçalo, daß der Kampf von neuem begonnen hatte und daß Aranda die ersten Passagen einleitete.

– Los, nimm die Capa!

– Ich kann nicht.

– Wieso kannst du nicht?

Aber der andere hatte ihn bereits aus der gefährlichen Zusammenarbeit entlassen. Er forderte ihn nicht einmal zu Paraden auf. Mit Hilfe von einander ablösenden Passagen mit der Capa entlockte er den Zuschauern Begeisterungsrufe, während Gonçalo, von schmerzvollem Schrecken gelähmt, an der Schranke klebte.

– Olé!

Der ihm nur allzu bekannte, vom Taktmesser zwiefältiger Angst skandierte Rhythmus.

– Olé!

Beklemmende Einsamkeit trennte ihn von der rituellen, zaubrischen Musik. Aus der Hölle, in der er schmachtete, hörte er nur ungenaue Echolaute.

– Bravo! Bravo!

In ihrer Farbfülle war die Menge eine Traube der Begeisterung. Das glühende Händeklatschen kannte kein Ende. Doch Gonçalo nahm die Wirklichkeit des Geschehens nur undeutlich wahr. Der Kampfplatz kam ihm vor wie ein riesiges, hallendes Horn.

Dann aber weckte ihn ein elegischer Klang. Eine feierliche Warnung der nahenden Nacht, der welkenden Blüte.

Mühsam raffte er sich aus seiner Schlaffheit auf und wollte dem Drama des Augenblicks aktiv beiwohnen. Doch er tat es mit der schlafwandlerischen Trägheit eines Menschen, der aus einem Alptraum erwacht. Als er schleppenden Schrittes die Dunkelheit verließ und in die wetterleuchtende Welt der Tat trat, hatte Aranda bereits alle Gefahren überwunden und empfing stolz und allein den tosenden Beifall für seinen Triumph. Die fruchtbare Saat öffnete sich zu goldenem Weizen der Hingabe. Und auf dem Sandplatz nahm Aranda mit erhobener Hand lächelnd den Beifall entgegen.

So war der erste Teil des Stierkampfs zu Ende gegangen, dem eine Zeitspanne folgte, die dem Vergessen dienen sollte, es aber nicht tat. Das Schicksal in seiner Grausamkeit erhielt die Teilung aufrecht: auf der einen Seite Aranda, triumphierend; auf der anderen er, geschlagen. Dabei fühlte er keinen Neid. Er sah nur den Gefährten und den ihn umgebenden Glanz, der ringsum natürlich Schatten warf. Die Person seines Nebenbuhlers war für ihn ebenso achtenswert wie zuvor. Aber sein Lorbeer beschattete alles, was neben ihm wachsen wollte.

– Sieh zu, was du jetzt anstellst! Das Tier ist gut. Gut bewährt und anstellig. Bloß keine Feigheiten!

Mit dieser armseligen Wegzehrung des braven, getreuen Julião ausgestattet, trat er niedergeschlagen hinter der Schutzwand hervor. Und da stand er nun elend zwischen den argwöhnischen Blicken der Zuschauer und den mißtrauischen Augen des Stiers. In den verkrampften Händen die Capa vom Priester des Muts. Nie hatte er sie, außen karminrot und innen gelb, von der christlichen Liturgie des Meßopfers loszulösen vermocht. Und mit salbungsvoller Andacht öffnete er sie zur ersten *verónika*.

Gegen alle Vorsichtsmaßregeln rief er den Stier von ferne. Und wartete starr und steif.

Etwas Ewiges, Befriedendes streifte seinen Körper. Kraft war diese Wollust sicherlich nicht zu nennen. Vielleicht Schatten der Verführung. Und wieder rief er ihn.

So kämpfte er, ohne zu wissen, mit wem, angestrengt, aber unbewußt. Welche Burg wollte er stürmen?

Langsam aber beharrlich fühlte er die Verachtung für die Gefahr und das Leben ihn wie ein sanft berauschender Wein durchdringen. Und staunend sah er, daß der Triumph ihm desto weiter die Arme öffnete, je williger er auf ihn verzichtete. Gewiß, daß er für sie kämpfte, zeigte die Menge ihm ihre Dankbarkeit. Und die noch eben zur Schau gestellte Feindseligkeit verwandelte sich langsam aber sicher in eine bereitwillige, liebevolle Umarmung.

In den kniffligsten Augenblicken, als alles an einem Faden zu hängen schien, stand Julião ihm brüderlich und aufmerksam zur Seite. Aber die Stunde gehörte dem Ölberg. Der Kelch mußte von einem allein getrunken werden.

– Laß!

Verstoßen, verschloß sich der Gehilfe noch tiefer in seine Namenlosigkeit. Und Gonçalo ergab sich noch tiefer in seine mystische Hingabe.

Er mußte jedoch seine Ekstase unterbrechen, um den Banderillas Platz zu machen. Ein unmerklicher Augenblick, der sich im Wirbel der schon unmeßbaren Zeit verlor. Die winzige Pause, um das ausgeblichene Rot der Capa mit dem lebhaften Scharlachrot der Muleta zu vertauschen.

– Olé!

Vom bitteren Geschmack der Gefahr erregt, spornte die Menge den Märtyrer an.

Und der trat noch näher auf den Stier zu.

– Olé!

Noch näher.

– Olé!

Wie eine kühle Kaskade fühlte er den Sturzbach des Beifalls auf den Todesschmerz der Seele hinabstürzen.

– Olé!

Ohne zu verstehen, warum er noch Augen besaß, um die Farbe des Lebens wahrzunehmen, sah er mit bestürzender Deutlichkeit, daß der Abend sank und daß die Sonne einen letzten Glanz auf den fleckigen Sand warf. Und er sah diesen Herbst des Tages, genau als das Horn den Todesstoß begleitete.

Auch am Rand der Übergabe stritt der Kampfesengel noch. Und Gonçalo forderte ihn noch immer heraus und bezwang ihn unermüdlich. Nur die vollkommene Harmonie der völligen Erschöpfung vermochte beide befriedet zu vereinen.

Und dieser Augenblick kam.

Unterwürfig wartete der Stier vor ihm. Und

ebenso unterwürfig kniete Gonçalo vor ihm nieder.

Wild vor Begeisterung klatschte die Menge Beifall für das Gebet, das der Mann und das Tier gemeinsam am Rande des Abgrunds verrichteten. Und entsagend lieferten beide sich auf verschiedenen Wegen der endgültigen, erbetenen Bestätigung aus.

Beide gestürzt, der eine vom Degenstoß des Angreifers, der andere von den Hörnern des Angegriffenen durchbohrt, lieferten sie das ergreifende Zeugnis dafür, daß der reine, vollständige Ruhm das Sterben ist.

Das Erbe

Ungläubig las die arme Dona Aurora noch einmal. Es gab keinen Zweifel, da stand es schwarz auf weiß: Dores war die Tochter ihres Ehemannes. Die Geschichte des Asyls war eine Falle gewesen. Eine geschickte Art, die Kleine ins Haus zu bugsieren. Fast der Wortlaut seines Geständnisses. Da das Ehepaar unfruchtbar und alle Hoffnungen verloren waren, beschloß er, ein fremdes Kind im Haus aufzunehmen. Und so geschah es. Ganz einfach, da er einige Zeit zuvor leichtsinnig gehandelt hatte, war nichts natürlicher, als daß er sich erinnerte ... Aus Feigheit oder auch aus Schamgefühl hatte er ihr die Vaterschaft weder jemals gestanden noch zu verstehen gegeben. Er wünschte nur, sie solle das Problem, das er ihr kommentarlos überließ, in diesem neuen Bewußtsein lösen. Das Problem der Erbschaft, versteht sich.

Von ihren zweiundachtzig Jahren und der belastenden Erregung ermüdet, faltete die Witwe den Brief, den sie unter den Papieren ihres Mannes gefunden hatte, und blieb lange wie betäubt sitzen, die Augen auf das fast erloschene Kaminfeuer gerichtet.

– Dores! – rief sie schließlich mit schwacher Stimme.

– Tante!
– Setz dich zu mir.
– Ich muß das Geschirr spülen ...
– Setz dich her, habe ich gesagt!

Neugierig geworden, gehorchte das junge Mädchen und ließ sich gemächlich mustern, wie ein seltener Gegenstand, den man zum ersten Mal sieht.

– Was ist?
– Nichts.

Unsicher betasteten die Augen der alten Frau behutsam die neue Wirklichkeit, die sie sahen. Nun galt es, eine unendliche Reihe gewohnter Züge, häuslicher Wahrnehmungen zu löschen und hinter dem üblichen Bild das verborgene, nie geahnte Bild zu entdecken.

– Sag doch was! Was ist denn geschehen?

Dores wußte, daß Dona Aurora sie nie wirklich gemocht hatte. Sie hatte zahlreiche Neffen, die sie immer als Erben angesehen hatte und die in ihrem Umkreis ein Netz von Machenschaften und Bespitzelungen webten. Daher erwartete sie nichts als die kleinen Andenken, die man immer dem hinterläßt, der uns am Ende die Augen zudrückt. Und sie war sprachlos, als die alte Frau sagte:

– Wirklich! Es gibt keine andere Lösung. Du mußt alles bekommen. Das Vermögen kam von seiner Seite, drum ist es so richtig.

Ohne den tieferen Sinn des Gehörten zu verstehen, versuchte das junge Mädchen die Glücksgabe klug aufzuteilen.

– Das nicht, nein! Daß du mir etwas hinterläßt, damit bin ich einverstanden. Aber alles ... Die würden mir die Hölle heiß machen!

– Sie müssen ein Einsehen haben.

Größer noch als Dores Betroffenheit fiel die der Geschädigten aus. Aus dem anfänglichen Klagechor erhoben sie die wüstesten Beschuldigungen. Und zwar so lautstark, daß am Tag der Beglaubigung der Notar statt der üblichen Zeugen Fachleute mitbrachte.

Es war am Spätnachmittag. An den Wänden des Wohnraumes hingen vier romantische Radierungen. Liebesszenen zwischen Ruinen. Junge Liebespaare, die Hand in Hand zerfallene Mauerreste schmückten.

Der Notar legte das dicke Protokollbuch auf den bleichen Marmor eines Tisches aus der Zeit jener Glückseligkeiten und nahm Platz. Die beiden Ärzte blieben stehen.

– Aber ist sie wirklich geistig gesund?

– Das werden wir ja sehen.

– Ich bin in diesen Dingen nämlich unnachgiebig!

– Damit tun Sie sehr recht, Herr Kollege!

Einen Augenblick verstummten sie und blickten die Bilder an. Auf einem von ihnen saß eine blonde Schönheit mit einem Kranz in schwermütiges Sinnen versunken, während hinter einer abgebrochenen Säule ihr Liebhaber sich lächelnd anschickte, sie mit Küssen zu bedecken.

– Hübsch, nicht wahr?

– Es gibt Besseres.

Die Belehrung war wie eine Mahnung zum Stillschweigen, um der Spenderin freie Bahn zu gewähren.

Und tatsächlich, sobald der letzte Ton in der Luft verklungen war, trat sie vor ihrer Patentochter ein.

Die Jahre hatten ihrem Körper Ecken und Kanten genommen. Wie ein abgerundeter Stein war alles an ihr glatt, poliert, abgeschliffen.

– Wie befinden sich Euer Exzellenz?

– Gnädige Senhora ...

Da dem Dritten somit keine Floskel übrigblieb, reichte dieser ihr lediglich die Hand.

– Haben Sie die Güte ...

Der Notar nutzte die höfliche Aufforderung und setzte sich von neuem. Die Ärzte blieben stehen.

– Euer Exzellenz wissen sicherlich, warum wir hier sind.

– Gewiß.

– Es ist also Ihr uneingeschränkter Wunsch und Wille, Maria das Dores Almeida als Alleinerbin einzusetzen?

– So ist es.

– Mit der Einschränkung des Nutzungsrechts, natürlich!

– Einverstanden.

– Sehr gut. Und wissen Sie, welche Besitztümer Sie vererben werden?

– Dieses Haus und ein Landgut in Beira. Das ist, was ich besitze.

– Genau.

In Anbetracht der Logik, mit der sie antwortete, fiel es schwer, heftig zu werden. Trotzdem trat der Heilige Thomas der Gruppe mit einer brennenden Taschenlampe in der Hand vor.

– Mit Verlaub!

– Bitte sehr.

Der Lichtstrahl traf eine zerstreute Pupille, die sich wie eine belästigte Schnecke zusammenzog.

– Ausgezeichnet. In dieser Hinsicht läuft alles nach Wunsch! Haben Sie nun die Güte … und schlagen die Beine übereinander. Übereinander.

– Vielleicht lohnt es sich nicht, Herr Kollege!

– Da wir nun einmal hier sind …

Der Hammer schlug, der Reflex erwachte, und die nutzlose und lächerliche Bewegung des müden Beines stellte sich ein.

– Großartig! Das andere, bitteschön.

Da auch hier die Antwort positiv ausfiel, begann das Gewissen des Fragestellers sich zu beruhigen.

– Meinen Glückwunsch, gnädige Senhora! Herzlichen Glückwunsch. Nur noch zwei kleine Fragen, und damit hat sich's. In welchem Jahr haben Sie ihren Ehemann geheiratet?

– Im Jahre neunzehnhundertundfünf.

– Folglich haben Sie seither zusammengelebt … ?

– Sechsundvierzig Jahre.

– Sehr richtig. Ein wunderbares Gedächtnis,

und ein herrliches Beispiel ehelichen Zusammenlebens – das nur nebenbei! Fast hätten Sie die Goldene Hochzeit gefeiert!

– Fast …

Gleichmütig wartete der Notar vor den mit seiner schönen Handschrift bedeckten Bogen seines Buches.

– Meinetwegen können Sie zur Beurkundung übergehen, Herr Doktor. Ich bin zufriedengestellt.

Mit teigiger, eintöniger Stimme begann nun der Mann des Gesetzes ohne Unterbrechung vorzulesen.

Zum Schluß fragte er:

– Ist das alles?

– Ja, das ist alles, – erwiderte die alte Frau.

– Würden Sie dann bitte unterschreiben.

Nach der üblichen Rechtsordnung einer solchen Situation setzte jeder Teilnehmer seine Unterschrift auf das Dokument. Die Testamentsvollstreckerin, die Nutznießerin und die Zeugen. Der Notar schloß die Runde.

Gemeinsam genossen sie noch die Erleichterung über den feierlichen Akt, als Dona Aurora, ohne irgendeinen der Anwesenden unmittelbar anzuklagen, sagte:

– Sie haben wohl gemeint, ich sei verrückt?

– Aber was für ein Gedanke, gnädige Senhora! Es war nur der Form halber.

– Sie dachten es wohl! Aber ich bin es nicht. Leider …

Die Talsperre

Es waren endlose Tage der Agonie. Jahre hindurch sah die Bevölkerung das Werk mit allen Verzögerungen und Widrigkeiten eines Wachstums gedeihen. Zunächst die Vermessungen; sodann die Analysen; anschließend die Berechnungen; und zum Schluß der zyklopische Bau des Deichs im Rachen des Flusses. Gleich zu Anfang, als das Bauvorhaben bekannt wurde, wurden Proteste laut. Aber erst, als der Chefingenieur das Dorf räumen ließ, weil die Schleuse geschlossen werden sollte, begann das eigentliche Drama.

Das Dorf Ervedosa lag tief im Tal und bildete ein Nest rings um die Kirche. Fern und abgesondert von der Welt lebte es von der Viehzucht und dem spärlichen Anbau des Uferschwemmlands. Und dennoch wirkte es mit dieser beschränkten, ärmlichen Wirtschaft Wunder. In diesem seit unvordenklichen Zeiten bestehenden Gemeindewesen konnte niemand die Hand nach dem Nachbarn ausstrecken und ihn würgen. Wiewohl frei in der häuslichen und persönlichen Meinungsäußerung, war jeder im Hinblick auf die öffentliche Ordnung und die Erzeugungsmittel der Gemeinschaft gegenüber verantwortlich. Und so war es schön und zugleich tröstlich, morgens die Herde aller auf die Weiden aller ausziehen zu sehen.

Auf den kleinen Wiesenstücken, die das Winterheu für das Vieh lieferten, hielt Ervedosa sozusagen ein eisernes Regiment. Von diesem Gemeinbesitz erhielt ein jeder den ihm zustehenden Anteil. Sollte nur einer kommen und unrechtmäßige Ansprüche stellen! Er konnte die Anzahl seiner Ziegen oder Lämmer nicht erhöhen. Wo sollte er zusätzliches Futter auftreiben, wenn der Schnee das Bergland bedeckte? Im klugen Mißtrauen gegen menschliche Schwächen hatte man das Übel an der Wurzel gekappt.

Andere, ebenso strenge und kluge Bräuche regelten den Bürgersinn der Einwohner. Die gewählten Leiter legten vor dem Dorfrat Rechenschaft über ihre Tätigkeit ab. Niemand konnte sich der Befehlsgewalt oder dem Gehorsam entziehen. Beim Glockenschlag versammelten sich Alt und Jung. Und was in der Vollversammlung beschlossen wurde, galt als Gesetz. Manchmal entstanden heftige Streitigkeiten. Doch der gesunde Menschenverstand setzte sich immer durch. Und das rohe und bescheidene endgültige Gebäude war ein Vorbild an Ausgeglichenheit und Harmonie.

So durchlebte der Flecken mit seinen Normen und Bräuchen die Jahrhunderte, auf ein Leben beschränkt, das trotz seiner Ärmlichkeit Stunden ausgelassener Fröhlichkeit zuließ. Die heidnischen Feste der frühen Jahrhunderte bewahrten den heilsamen Überschwang des Ursprungs, obwohl sich die christliche Lehre ihrer bemächtigt hatte. Es war eine wahre Freude, den Wein üppig fließen zu sehen und die Tamburine erklingen zu hören, wenn die Knospen aufbrachen und die Kastanien tröpfelten. Nachsichtig und neugierig wirkte sogar Pater Eusébio bei den Festlichkeiten mit. Wenn die Zeit der Kelter vorüber war, versuchte er nach Vermögen die den Toten gebührende Spende nach Hause zu schaffen, damit Gott nicht alles mißfiele.

In diesen verspielten, arbeitsamen Frieden schlug die von Guilhermino gebrachte Nachricht, daß Unbekannte Flußhänge und Täler der Umgebung vermaßen, wie ein Blitz ein. Sofort wurden die Sprachgewandtesten und Gewitztesten losgeschickt, um Erkundungen einzuziehen und Einspruch zu erheben, sobald die Absichten aufgedeckt waren. Dennoch erkannte man längst nicht das wahre Unheil. Die Worte, die den Mündern entwichen, enthielten nicht die Macht des Unausweichlichen. Das Ausmaß des Verhängnisses wurde erst dann ganz begriffen, als das Wasser die Weiden und kurz darauf sogar die Häuser des Dorfs überflutete. Nun brachen herzzerreißende Schreie aus einer jeden Seele, und noch heute scheint das Echo dieser Endzeitangst im Felsgestein weiterzuleben, das die Polizei mit gezücktem Gewehr unschädlich machte.

Ohne Haus und ohne Land, nur noch Eigentümerin der nutzlosen und mageren Summe der Enteignungen, fühlte sich die gesamte Dorfgemeinde verstoßen und in eine Welt verbannt, die nicht mehr die ihre war. Die brüderliche Eintracht war zu Ende. Nun mußte ein jeder ein neues Leben beginnen, ein neues Nest begründen, anderswo sein Brot verdienen und Freundschaften schließen. Die Kinder würden fern von ihren Eltern leben, wie auch die Liebhaber von ihrer gescheiterten Liebe.

Und statt eine Lagune von Kraft und Reichtum zu sein, war der ihre Vergangenheit bedeckende Stausee nun für sie ein totes Meer der Vernichtung.

Nur einer hatte inmitten all der Tränen und Verzweiflung noch nichts begriffen. Von Geburt an blind, vermochte Belmiro weder die Beschaffenheit noch die Größe des Unheils abzuschätzen. Und als er von den anderen an den Händen aus der bislang von ihm bewohnten Hütte fortgezerrt wurde und fühlte, daß seine Füße auf unbekannte Steine traten, protestierte er:

– Wohin führt ihr mich?

Sie versuchten ihm noch einmal zu erklären, daß von Ervedosa nichts mehr übrig war. Daß das Vieh verkauft, der Friedhof zerstört und der Stab der Gerechtigkeit zerbrochen war. Daß selbst die Kirche auf dem Grund des Wassers begraben ruhte. Daß er nunmehr in unbekannten Ortschaften unter unbekannten Menschen betteln müsse.

Er hörte zu, hörte genau zu und vermochte sich im Geist dennoch nicht den von ihnen geschilderten Widersinn vorzustellen.

– Das kann nicht sein!

– Aber es ist so, Mann! Es ist so!

– Das kann nicht sein!

Der Woge zerstörerischen Verstandes setzte er die instinktiv erhaltende Dunkelheit entgegen.

Und da er außerstande war, das eigene Unglück mit fremden Augen zu sehen, ging er schließlich allein ins Verderben.

Indem er sich durchs Heidekraut vortastete, versuchte er nach Ervedosa zurückzugelangen. Und sobald er die Rinde des ersten Kastanienbaums, der einstmals den Dorfrand bestimmt hatte, streicheln konnte, ertrank er.

Stille

Matilde öffnete das Fenster. Es tagte, und auf den Feldern des Hofs fand ein Fest statt. Die das Haus umgebenden alten Steineichen glichen Klanginseln. Das Gurren der Tauben wärmte die frische Luft. Und das anhaltende Geschnatter der Gänse, auf das die Truthähne kehlig antworteten, schlitzte schließlich in den unbestimmten Stoff des Zwielichts Risse reiner, verlockender Helligkeit.

Aus Angst vor der das Haus umgebenden Tiefebene hatte das Leben sich ganz auf den Umkreis des Hauses zurückgezogen, wie die Kälte um die Feuerstelle. Und von der Hundehütte, dem Taubenschlag, dem Hühnerstall, den Stallungen und selbst den dicht ums Wohnhaus stehenden Bäumen kamen Anzeichen einer aus Beistand und Verständnis geschaffenen, häuslichen Fröhlichkeit.

Fernando schlief noch. Sein schwerer Körper lag behäbig unter der Decke, unförmig und schlaff. Regungslos und vom Saum der Überdecke abgeschnitten, erinnerte sein großer Kahlkopf an ein anatomisches Ausstellungsstück im blutleeren Frieden eines Museums.

Vielleicht von der alles durchdringenden

Helligkeit gewarnt, hatte er zu schnarchen aufgehört. Durch die tyrannische Art, mit der er die Maschen der Dunkelheit allein mit seiner erdrückenden Gegenwart füllte, unumstrittener Herrscher der Nacht, beschränkte er sich jetzt auf ein vorsichtiges, instinktives Schweigen. Im Tageslicht atmete er fast heimlich, mit innerer Zurückhaltung.

Noch voller Leid vom kürzlichen Entrinden, begannen mächtige Korkeichen ihre ausgebluteten Stämme in der Niederung zur Schau zu stellen. Frisch bestellte Äcker zeigten gleichfalls ihr zerhacktes Fleisch.

– Wieviel Uhr ist es?

Schließlich war der Ehemann erwacht. Nach einigem mühsamem Zaudern hatten sich seine Sinne zum Bewußtsein durchgerungen. Fast automatisch streckte er den Arm aus, griff nach der Armbanduhr auf dem Nachttisch und befragte das Ziffernblatt.

– Halb sieben. Habe ich mir doch fast gedacht. Gib acht, daß du dich nicht erkältest.

Er drehte sich halb im Bett um, wickelte die Decke um seine Schultern und wollte von neuem einschlafen.

– Fernando …

– Was ist?

– Ich muß mit dir reden …

Die gewohnte Vertraulichkeit hatte beide von dem Bedürfnis nach eiligen Mitteilungen befreit. Und so versuchte der Ehemann die Unterhaltung hinauszuschieben.

– Hör zu, Kind, laß mich schlafen! Wir haben doch Zeit.

Ohne sich umzudrehen und im Angesicht des immer heller leuchtenden Morgens, ließ Matilde nicht locker.

– Es muß jetzt sein.

– Wieso machst du alles so kompliziert! – entgegnete er unentschlossen. – Kann deine Sache nicht warten?

– Nein.

Er zwang sich zur Aufmerksamkeit und schickte sich ein wenig ungeduldig an, ihr zuzuhören.

– Also sag …

Noch immer stand Matilde in ihrem Morgenrock mit dem Rücken zu ihm.

– Ich bin schwanger.

Ruckartig setzte sich Fernando im Bett auf.

– Im Ernst?!

– Im Ernst.

– Aber das ist ja eine wundervolle Nachricht! Na endlich! Hast du dich auch nicht getäuscht?

– Nein. Ich bin ganz sicher.

Ein Kind fiel in ihre Leben wie Regen auf ein durstiges Saatfeld. Alles würde sich verwandeln: Die Eintönigkeit in Vielfalt, und der tatenlose Verzicht in tätige Hoffnung. Was einer blinden und treuen Leidenschaft nicht gelungen war, sollte jetzt auf natürliche Weise gelingen. Und er ließ seiner Freude freien Lauf.

– Ich bin sprachlos! Wenn du wüßtest …

Bis dahin hatte er das sonderbare Verhalten seiner Frau nicht bemerkt. Erst als seine Erregung überschäumte, fiel ihm die rätselhafte, unbeteiligte Art und Weise auf, mit der sie zu ihm sprach. Und liebevoll, in einem Gemisch aus Verdruß und Klage, wollte er es ihr sagen, als sie von neuem begann.

– Trotzdem möchte ich hinzufügen, daß zwischen uns sich nichts geändert hat und auch nichts ändern wird.

– Ah ...

Lange schwiegen beide, als lauschten sie dem Lärm von draußen. In Erwartung der bevorstehenden Fütterung aufgeregt, verstärkte das Vieh des Bauernhofs sein Lärmen. Ein jedes Leben forderte seinen Anteil an dem Manna des Herrn.

Von den Knechten geöffnet, war das Haus jetzt wie der Resonanzboden all der lebendigen, schöpferischen, verschlingenden, angriffsfreudig gemeinschaftlichen Kraft. Und inmitten von so viel Überschwang fühlte Fernando sich leblos, bezwungen, und er bedeckte all die Worte, mit denen seine Frau seiner Mannbarkeit geschmeichelt hatte, mit Bitterkeit.

– Und mir das genau in einer Stunde wie dieser zu sagen! – brach er unwillkürlich hervor.

– Ich habe es dir doch immer gesagt.

– Und mußt du es noch einmal wiederholen?

– Ich glaube schon. Wo ich dich nicht mag,

so war es immerhin meine Pflicht, ehrlich zu sein ...

– ... und mir die Freude, die ich empfinden könnte, zu verbittern.

– Deine und meine ...

– Was für ein Ungeheuer bist du geworden!

– Ich habe dir nie etwas vorgemacht. Du hingegen wolltest es so ...

– Leider.

Selbst so beleidigt im schlimmsten Augenblick, fühlte er die Liebe zu seiner Frau nicht erlahmen. Sie war nach wie vor unversehrt und demütig. Matilde hingegen ließ nicht locker.

– Es gibt ein gutes Heilmittel ... Das Gesetz, das uns vereinte, kann uns auch trennen!

– Ausgerechnet jetzt!

Er wußte wohl, daß der wiewohl kritische Augenblick diese Lösung nicht unwahrscheinlich machte. Hätte sein Herz sich doch von ihr lösen können!

– Ich sehe nicht, daß die schlichte Tatsache, daß ...

– Schweig! Um Gottes Willen, schweig!

– Warum sollte ich schweigen? Hören die Dinge dann auf, zu sein, was sie sind? Welch riesiger Unsinn, das alles!

In ihrer Schwäche hatte sie nicht den Mut aufgebracht, ihn völlig zu verwerfen. Sie hatte Nein gesagt und nachgegeben. Und nun stand sie da, unwiderruflich die Gefangene eines Mannes, den sie verachtete.

Das Vieh lärmte wild weiter. Und genau die

tierische, bedenkenlose und lebensprühende Natürlichkeit, die Matilde dazu gebracht hatte, die Seele von der Last ihrer Angst zu befreien, klang in den Ohren ihres Mannes seltsam höhnisch. Ihm schien, als lachte das ganze Leben ihn aus.

– Es ist zum verrückt werden!

– Und wer hat Schuld daran? Du wußtest genau, daß ich einen anderen liebte, als wir heirateten ...

Wie immer trat mitten im Sturm die schwarze Seele des Nebenbuhlers auf den Plan. So schwarz, daß er ihn schon am Schatten erkannte.

– Hab wenigstens ein wenig Schamgefühl!

– Aus welchem Grund?!

Es war, als werde er von der unsichtbaren Hand eines Gespenstes geohrfeigt. Eines Gespenstes, das er auf der Höhe seiner Jahre und seiner Liebe in der Gewißheit verachtet hatte, daß er es im Herzen seiner Frau niederzwingen würde. – Ich kann warten! - hatte er töricht auf die Einwände entgegnet, die sie der Möglichkeit künftiger Harmonie entgegensetzte. Seelenruhig auf die eigenen Empfindungen vertrauend, hatte er vergessen, die Festigkeit der ihren abzuschätzen. Und das Gespenst hatte ihn besiegt und setzte ihm noch immer zu.

– Kann ich wenigstens endlich den Namen des verwunschenen Prinzen erfahren? – fragte er mit verletztem Spott.

– Nein. Du wirst ihn nie erfahren.

Plötzlich umhüllte heiliges Schweigen das Haus. Die Stunde der Fütterung war gekommen, und im Hof hatte sich der Aufruhr in dankbaren Frieden verwandelt.

– Vielleicht ist es so besser ... – schloß er verzweifelt. – Sonst wäre das Unglück ausweglos.

Reglos blickte Matilde auf die Niederung, auf der die aufgegangene Sonne die entrindeten Korkeichen liebkoste. Nur sie wärmte in ihrem Großmut die bloßgelegten Wunden.

Aufnahme der Personalien

Wie ein großes Harmonium, das durch die Nacht brausend heisere Töne sät, raste der Schnellzug nordwärts. Ein einziger Fahrgast stieg an der Station aus. Er paßte nicht ins Bild.

– Haben Sie die Güte, uns zu begleiten.

– Verzeihung?

– Bitte schön.

– Meine Herren, um Gottes Willen! Das muß ein Irrtum sein.

– Wenn es ein Irrtum ist, wird es sich bald herausstellen.

– Ja, aber ich bin nicht bereit …

– Kommen Sie! Kommen Sie mit und schlagen Sie keinen Lärm.

– Nein! Haben Sie gefälligst ein Einsehen!

– Vorsicht!

– Gut, ich komme mit. Aber vorher will ich den Grund für diesen Übergriff wissen.

– Den Grund werden Sie rechtzeitig erfahren.

Es ist immer lästig, zwischen zwei Polizisten zu gehen. Selbst in einer Gegend, in der man völlig unbekannt ist, wirkt jedes Gesicht, das einem begegnet, wie ein Richter, der einen unwiderruflich verurteilt.

– Sie sind verhaftet …

Und Leonel fühlte, daß seine eigentliche Unschuld unwiderbringlich angetastet war. Vom Knüppel der Gewalt berührt und einmal in Frage gestellt, konnte niemand ihr die ursprüngliche Unbeflecktheit zurückgeben.

– Daß ein Mensch sich eine derartige Demütigung gefallen lassen muß!

– Was haben wir damit zu tun?

– Aber Sie verhaften mich doch! ...

– Wir führen nur einen Befehl aus.

Nur die Dunkelheit beschützte ihn. Nur sie verwischte die Züge seines eckigen Gesichts und machte ihn auf der Linse des Beobachters schwer erkennbar.

– Was für ein Land! Was soll das Ganze ...?!

– Geben Sie sich keine Mühe, es ist nutzlos.

Trotz allem suchte er den Vorübergehenden zu beweisen, daß er nur verdächtigt war, daß er Einspruch erhob und folglich das Brandmal nicht hinnahm. Und sein einziger Wunsch war, Zwiesprache zu halten, auf irgendeine Art und Weise das Verbrecherschweigen des Weges zu brechen. Doch je verkehrsreicher die Straßen, durch die sie gingen, wurden, desto grabesstummer wurden die Polizisten.

– Hübsch.

Und er verstummte machtlos. Er würde im flüchtigen Gedächtnis all der Fußgänger fraglos als gewöhnlicher Übeltäter haftenbleiben.

Während er die Stufen des alten Gebäudes erstieg, in dem er identifiziert werden sollte, wurde er ruhiger. Die kalte Neutralität des

Granits brachte ihn der Wärme seines Gewissens näher. Trotz allem war er ein anständiger Mensch. Obwohl er sich über die Lage, in die er geschlittert war, ärgerte, war es wohl nicht zu vermeiden, daß Dinge öffentlicher Ordnung häufig aus dem Konzept gerieten. Dennoch blieb der Verstoß gegen seine menschliche Würde bestehen. Doch was nutzte die Aufregung!

Im Wartezimmer erregte er sich abermals. Er saß zwischen Streunern und Dieben der Tagesernte und fühlte sich unlöslich an sie gekettet. Gleich, welche Beschuldigung kam, gleich, welche Rechtfertigung er vorbringen konnte, zu einem gegebenen Zeitpunkt war er ein Gesetzesübertreter geworden. Seine Freiheit wurde ihm abgesprochen. Und wie sie würde er sich vor ihnen rechtfertigen müssen. Wie sie würde er sich der endgültigen Entscheidung beugen müssen. Denn welchen Unterschied gab es, wenn alle in Erwartung des gleichen unwiderruflichen Urteils vom selben Posten bewacht wurden?

– Willst du eine Zigarette, Genosse?

– Danke.

Während der zwei Stunden dieses Zusammenseins zerfiel für ihn das, was von der uneinnehmbaren Burg, in der er gewohnt hatte, übrig war. Keine der Mauern hielt mehr stand. Sein Vertrauen in eine natürliche Ordnung war geschwunden. Er sah sich der reinen Willkür ausgeliefert.

– Jetzt Sie.

Er stand auf und überschritt zaudernd die Schwelle zum Kanzleiraum.

– Guten Abend, sagte er eingeschüchtert.

– Guten Abend. Zeigen Sie mir Ihren Personalausweis.

Er suchte nervös in seiner Brieftasche, reichte ihn hinüber und wartete.

– Leonel Ramiro de Lencastre …

– Sehr richtig.

– Ingenieur...

– Ja.

– Woher kommen Sie?

– Aus Lissabon.

– Zu welchem Zweck?

– Zu nichts Besonderem.

– Na sowas! Wollen Sie mir weismachen, daß jemand imstande ist, von Lissabon eine so lange Strecke zurückzulegen, ohne jeden Grund?

– Man kann nur gezwungen worden sein, hier durchzukommen, wie ich.

– Ah! Sie fahren also weiter? Und wohin?

– Rio Torto. Ich wollte morgen mit dem Überlandbus weiterfahren.

– Zu welchem Zweck?

Er zögerte. Das Verhör hatte ihn bereits in die Zange genommen. Wozu sollte er diesem Unbekannten den inneren, verheißungsvollen Anlaß, der ihn hergebracht hatte, verraten?

– Private Angelegenheiten …

– Was für Angelegenheiten?

– Verzeihung, aber das sage ich nicht.

– Versuchen Sie bloß nicht, die Dinge zu erschweren!

Angesichts der Drohung vertiefte sich seine Furchtsamkeit. Und er gestand im Tonfall und mit der Erregung, die er für die Handlung des nächsten Tages bestimmt hatte, daß er um die Hand eines jungen Mädchens anhalten wolle.

– Das wollen Sie mir also weismachen. Diese Antwort hatte ich nicht erwartet.

In der Hinnahme des von ihm Gesagten klang ein Anflug von Hohn mit. Und das Gefühl, daß alles, was er preisgegeben hatte, als bloße Ausrede aufgefaßt werden könnte, ließ ihn schamvoll erröten.

– Nun gut. Schauen Sie sich dieses Foto an …

Irgendein Mörder war aus dem Zuchthaus entwichen. Und die auf die heilige Verteidigung der öffentlichen Ordnung erpichten Zeitungen hatten das Konterfei des Bösewichts im verblichenen und unklaren Farbton der Presseorgane veröffentlicht. Und da die ebenso eifrige Polizei davon Kenntnis hatte, daß mit dem Zug an jenem Tag ein Subjekt reisen würde, dessen Merkmale denen des Entflohenen glichen, erwartete sie Leonel auf dem von ihm gewählten Bahnhof.

– Und was habe ich damit zu tun? – fragte er, fern der Wirklichkeit.

– Wir sind dabei, bestimmte Dinge zu überprüfen.

Erst jetzt begriff er, worum es sich handelte. Und er fühlte sich eher unglücklich als gekränkt.

– Und Sie meinen, es läge eine Ähnlichkeit vor?

– Eine gewisse Ähnlichkeit liegt vor.

Und von neuem musterte er seinen Doppelgänger auf dem Papier. Und mit aufrichtiger Demut, ohne jedes Mitgefühl mit den eigenen Zügen, legte er die vorbestrafte Verbrechervisage über sie. Objektiv stimmten sie nicht überein.

– Ich sehe offengestanden keine Ähnlichkeit. Aber wenn Sie welche sehen … dann werden Sie wohl recht haben.

Angesichts eines so rückhaltlosen Verzichts machte der andere einen Rückzieher. Und schon witterte er die Gefahr.

– Sie sind doch Ingenieur, oder nicht?

– Ja, das bin ich.

– Wenn Sie also Ingenieur sind, dann sind Sie nicht dieser Typ … Folglich können Sie nicht einverstanden sein!

– Was soll ich denn tun?

– Beweisen, daß Sie in Wirklichkeit …

– Außer den Dokumenten, die ich Ihnen gezeigt habe, und meinem Ehrenwort, sehe ich nicht …

– Kennen Sie hier jemanden?

– Niemand.

Der Inspektor kratzte sich am Kopf und überlegte. Innerlich war er von der Wahrheit bereits überzeugt. Sie mußte aber auch einem so befangenen, verletzlichen Menschen in die Augen springen.

– Wollen Sie sehen, wie wir die Dinge ruck, zuck ins Reine bringen? Haben Sie Familie in Lissabon?

– Nein. Meine Eltern stammen von der Algarve.

– Teufel noch eins ... Wie kompliziert ist das alles! Schön. Wir können auf Ihre Verlobte zurückgreifen. Wir werden mit ihr reden.

– Und Sie wollen ihr sagen, daß ich mit einem Mörder verwechselt wurde, wie? ...

Diese Aussicht brachte beide aus dem Konzept.

– Ja, tatsächlich. Die Sache ist wirklich unangenehm. Daran hatte ich nicht gedacht. Jedenfalls ist das besser, als daß Sie hier bis morgen inhaftiert bleiben. Verstehen Sie ... Na? Wie finden Sie den Vorschlag?

– Tun Sie, was Sie für richtig halten.

– Hat Sie Telefon?

– Nummer Zwölf.

Er sah die Nummernscheibe wie das Glücksrad kreisen. Und lächelte verbittert.

– Worüber lachen Sie?

– Über die ganze Sache. Über das Leben.

Doch, wiewohl widersinnig, äußerte sich das Leben logisch.

– Hallo! Hallo! Hier spricht die Polizei. Nummer Zwölf von Rio Torto, sofort ... Dann ist alles erledigt ... Hallo? Hallo? Haben

Sie ein Einsehen ... Ich gebe zu, die Sache ist lästig ... Rio Torto? Hier spricht das Polizeirevier. Ich möchte mit der jungen Dame sprechen ...

– Wie heißt sie?

– Isabel.

– Mit Fräulein Isabel. Sie sind am Apparat? Wie geht es Ihnen, Senhora? Ich möchte gerne wissen, ob Sie morgen den Besuch eines Herrn erwarten ... Ja? Nein. Nichts dergleichen. Ich bitte Sie! Um Gottes Willen! Nichts als eine einfache Erklärung. Folglich ... Genau. Ingenieur Leonel Ramiro de Lencastre. Genau der. Aus Lissabon. Vielen Dank. Und seien Sie ganz beruhigt. Voll und ganz. Ich glaube, er kommt am Morgen. Guten Abend. Schönen guten Abend.

Triumphierend legte er den Hörer auf.

– Sehen Sie! Sache eines Augenblicks!

– Tatsächlich.

– Und verzeihen Sie. Es gibt Dinge, die getan werden müssen ... Bedauernswerte, ich gebe es zu. Gottlob hat sich alles bestens aufgeklärt. Sie können beruhigt Ihren Geschäften nachgehen und Ihrem Schicksal folgen, niemand wird Sie mehr belästigen.

– Vielen Dank.

– Keine Ursache.

Ein kurzes, befangenes Schweigen trat ein. Durch diese erzwungene Begegnung verbunden, mußten sie sich jetzt für immer voneinander verabschieden. Und beiden tat es leid, während des mittlerweile beendeten Abenteuers Feinde gewesen zu sein.

Bis der Eiligere der beiden sich zu Wort meldete:

– Können Sie mir zufällig sagen, wann heute nacht ein Zug nach Lissabon abfährt?

– Es gibt den Postzug um vier Uhr dreißig. Aber haben Sie mir nicht gesagt, Sie wollten morgen vormittag Ihrer Verlobten einen Heiratsantrag machen?

Der Ingenieur setzte ein trauriges Lächeln auf:

– Das habe ich gesagt, aber ich habe es mir anders überlegt.

Der kleine Held

Wo er den Kreisel aufgetrieben hatte, wußten sie. Er hatte ihn in Valentins Laden gekauft. Er war aus Buchsbaum und besaß eine bislang nie gesehen scharfe Stahlspitze. An wie vielen Tagen hatten sie ihn angesehen und wieder angesehen, mit dem Griff an der Decke hängend, flügge, rundlich, ringsum mit grünen und gelben Kreisen verziert. Er hatte fünfundzwanzig Tostões gekostet. Wie er ihn aber auf diese präzise und schreckenerregende Weise zum Kreisen brachte, das wollte nicht in ihren Kopf.

Nach dem, was in der Burg vorgefallen war, brachte Carlos' plötzliche Meisterschaft sie aus dem Konzept. Der Auftritt stand einem jeden noch frisch vor den Augen. Ach Jungens, als Zarco wortlos abdampfte, das heißt, als er floh! Die Horde trieb sich im Haupthof des Burgfrieds herum, und plötzlich ... Ob da ein Grund vorlag, von dem Radau Angst zu bekommen oder nicht, ist eine andere Frage. Fest steht, daß Zarco seine Mütze aufhob und die Beine unter die Arme nahm! Ein Stachel ins Fell einer Herde hätte es nicht besser gemacht. Mit einem Mal schienen alle einen elektrischen Schlag im Hintern zu verspüren. In dem sehr engen Portal des Verrats, verdammt nochmal, welch ein Gedränge! Da keiner zurückbleiben wollte, versteht sich, stießen sie einander vorwärts. Fußtritte, Rippenstöße, Fausthiebe, um sich am raschesten durchzumogeln. Es fehlten nur noch Bisse!

Schließlich stob Carlos als letzter hinaus. Er starb fast vor Angst, der Ärmste! Beim letzten Mauerabschnitt hatte er keinen Blick mehr für eine ganze oder eine halbe Treppe! Er stürzte sich einfach hinunter. Nur das: Ein gebrochenes Bein und ein Gesicht wie Christi Schweißtuch. Ergebnis: Die hohe Achtung, die er bis dahin genossen hatte, ging in die Brüche. Das Ansehen ist eine heikle Angelegenheit. Hätte Carlos, als Zarco den Kopf verlor, inmitten der Panik Ruhe bewahrt, die Sache wäre anders ausgegangen. Aber so ...

Das Schlimmste aber war, daß er die Gründe der anderen nicht begriff. Er wollte Angst haben dürfen, wie alle anderen, bei der ersten Gelegenheit Reißaus nehmen können und dennoch weiterhin den Anführer spielen bei Kriegen, Märschen, Überfällen und allem übrigen! Der Chef sein. Doch das war unmöglich. Hab doch ein Einsehen!

Noch hinkend und ein halber Krüppel, nahm er sich vor, einen Ausflug zum alten Bergwerk anzuführen, wo eine Füchsin geworfen hatte. Nicht mehr und nicht weniger!

– Ojemine! Wo ist dein Grips geblieben?

– Und warum nicht?

– Warum, warum ... Diesmal führt Gregório an. Wenigstens ist er neulich nicht ausgerissen ...

– Er war ja gar nicht dabei ...

– Hat nichts zu sagen ...

Daran hatten sie allerdings nicht gedacht. Hätten sie ... Sonst ... Vielleicht wäre er wirklich nicht abgehauen. Jedenfalls war Gregório ein Eckstein, der noch nicht verworfen worden war. Während er ...

– Aber ich hab ja gar keine Angst!

– Was hast du nicht? Wir habens doch erlebt ...

Vergebliche Liebesmüh. Seine Herrschaft war zu Ende. Aber er ließ nicht locker, der Dummkopf! Überall, wo er nichts zu suchen hatte, mußte er seine Nase hineinstecken.

– Ich habe schon reife Trauben gesehen. Soll ich sie euch zeigen?

– Gregório hat sie auch gesehen ...

– Jetzt weißt du Bescheid ...

Nichts zu machen! Meint ihr, er hätte sich geschämt!

– Ich habe drei Rebhühner in einer Falle gefangen. Sie sitzen bei mir zu Hause in einem Käfig, damit sie jeder besichtigen kann, der mir nicht glaubt.

Und wirklich glaubte ihm keiner. Gewäsch hatten sie schon viel gehört.

Indessen kam die Sache mit dem Kreisel ...

– Willst du mitspielen?

– Ja, gerne.

Schließlich war er nicht von der Pest befallen. Wer sollte im übrigen ahnen, daß er sich sofort den Hals brechen würde?

– Das war Glück. Getroffen!

– Mach's nochmal, wenn du dazu fähig bist.

– Mach ich. Und zwar goldrichtig!

– Donnerwetter! Die Zwanzig. Entzwei wie eine Nuß. Großer Hurensohn!

Nun brach Unruhe aus.

– Carlos hat mir zwei Kreisel zerbrochen ...

– Glaub ich nicht!

– Ehrenwort! Er hat mich nicht mal verschnaufen lassen.

– Wirklich? Wart einmal, wir werden ihm schon Bescheid stoßen. Wirst schon sehen.

Beim Kreiselspiel war Gregório Meister.

Das war er ... Wie soll man sagen? Wie der Blitz! Endspiel!

– Fertig!

– Du verdienst einen Faustschlag in die Fresse ...

– Wage es nur! Ich würde dir die Haut abziehen! Ich würde dich fix und fertig machen! ...

Der Eselskopf, der widerborstige! Mies war er geworden!

Doch wie hatte er diese mathematische Genauigkeit erreicht? Früher, zum Teufel, war er keineswegs besser gewesen als jeder andere! Wie oft hatte er schon verloren! Und jetzt ...

Und er genoß seine Trümpfe ... Sie hatten

geglaubt, mit ihm bräuchte man nicht zu rechnen, was? Er habe nichts mehr zu melden, da man beschlossen habe, ihn bei diesem und jenem auszuschalten! Er habe seine Stellung als Bandenführer verloren, ohne dagegen aufzubegehren … Nichts da!

Es hatte ihn freilich Mühe gekostet, in Form zu kommen! Zwei Wochen unermüdlichen Übens! Insgeheim, versteht sich. Schon deshalb, weil sie ihn hatten fallen lassen …

– Bist du Eigenbrötler geworden, Junge?! – fragte ihn Leonor, verwundert, ihn einsam und unsicher, wie er auf seinem Hinkebein noch immer war, im Bergland von Aveleira streunen und das Vieh hüten zu sehen.

– Das bin ich, ja, Senhora.

– Und sind die anderen nicht dabei?

– Sie kommen nach …

Ende der Unterhaltung. Warum sollte er Leonor seinen Ärger anvertrauen, wenn er ihn nicht einmal zu Hause preisgab?!

– Morgen will ich die Herde in Falicão sehen. Du weidest sie bis zum Mittag im Olivenhain und treibst sie nachmittags auf die Weide … – hatte sein Vater befohlen.

– Das ist sehr weit, – warf seine Mutter ein. – Und dazu noch allein …

– Das macht mir nichts aus. Ich brauche keine Wachhunde!

Er brauchte auch keine. Wenn er das Dorf aus den Augen verlor, zog sich sein Herz zusammen, und er rächte sich dafür mit Steinwürfen nach den Schafen, schritt aber unbeirrt vorwärts. Niemand sollte sich über ihn lustig machen!

– Bist du der Carlos?! Ich hab dich gar nicht erkannt ... Geht's dir besser?

– Bin wieder hergestellt.

– Gib acht, daß du nicht auf einem Felsblock ausrutschst!

– Ich halte mich an den Hörnern der Ziegen fest.

– Und paß auf, in der Gegend gibt es Wölfe ... Das hat mir Quelhas gesagt, der welche gesehen hat. Sie haben ihm vor zwei Tagen ein Lamm gerissen.

Wölfe! Hätte die alte Vareira, statt mit ihren scheelen Augen auf seine Fußspitzen zu starren, hochgeblickt ...

– Schau mal, was da für ein Viehzeug kommt! Siehst du's nicht?! Was für ein Geier, Frau! Ein Adler, jawohl, ein echter!

– Ja, stimmt. Also Lebwohl, gib acht, wo du hintrittst.

– Gute Reise, und viele Grüße zuhaus ...

– Rüpel! Etwas mehr Respekt für die Älteren ... Ich werd's deinem Vater sagen ...

– Verschleiß nicht die Zunge, sie könnte dir fehlen.

Schwatzhaft wie eine Elster! «Geht's dir besser?» Ein Adler kreist über ihnen, und die Alte schwatzt und schwatzt!

Ein Adler, und was für einer! Und sie wollen ihn nicht sehen?! ... Oh, oh! ... Und das

Riesenbiest verlor an Höhe ... Ja, es sank und sank, das Teufelstier!

Gleich darauf ließ der Vogel sich auf dem Erdboden nieder, sanft wie eine Taube, die Krallen untätig, der Schnabel halb geöffnet, harmlos, der ganze Leib zitternd wie Espenlaub – der Unglückliche war seiner Gnade ausgeliefert.

Ein Glück, fürwahr! Hinein in seinen Sack, und zwar rasch! Und Gregório sollte den Vogel erstmal so packen! Und dann nicht mal auf Bestellung! Kaum zu glauben! Still wie ein Küken.

Aber es ging nicht von allein! Kaum hatte er die Kaputze abgenommen, um sie ihm überzustülpen, klappt das Tier seinen Schnabel zu wie eine Kneifzange, stößt die Krallen in den Grund und ... Mist, schon schlagen seine Flügel! Blitzschnell gewinnt es an Höhe.

Schade! Das heißt, vielleicht auch nicht ... Im Himmel war er zu Hause. Immer höher, kreisend, den Kreis verengend, bis er auf einem Punkt innehielt, haargenau wie ein Kreisel ...

Wie ein Kreisel, ein guter Witz! Das er nicht früher daran gedacht hatte!

Gleich abends, als seine Mutter Reis holen ging, schlich er ihr heimlich nach, und als sie den Kaufladen betrat, sagte er zu ihr:

– Mutter, kauf mir doch bitte den Kreisel da, kauf ihn mir! – Und listig hinkte er dabei übertrieben.

– Hast du zu Hause nicht genügend Kreisel?

– Der dort ist besser. Die anderen haben keine ausreichende Spitze, und die Jungens machen sich über mich lustig ...

– Schenk ihn ihm! Von fünfundzwanzig Tostões mehr oder weniger wirst du auch nicht ärmer, – warb die Ladenbesitzerin für ihn.

Die Mutter, die keinen Ausweg sah und von seinen Zänkereien mit seinen Spielgefährten wußte, tat ihm den Gefallen.

– Also, gib ihn ihm.

Fertig! Nun brauchte er nur noch heimlich zu üben. Auf dem Erdboden einen Kreis zu ziehen und ihn wie ein Adler immer enger und enger werden zu lassen ...

Es war hart! Nie hatte er bislang etwas so kaltblütig angepackt. Und vom reinen Vergnügen der vergangenen Jahre zu dieser methodischen Dürre überzugehen, erforderte eine Beharrlichkeit, die ihn ermüdete. Doch es mußte sein. Auch wenn er dabei platzte!

Und es lohnte die Mühe. Fortan ging es Knall und Fall. Er hätte sogar eine Mücke getroffen. Der Augenblick war gekommen, die Führung wieder zu übernehmen.

– Willst du mitspielen?

Und der Esel von Balbino merkte den Schwindel nicht mal ...

– Ja, mach ich.

Sie zogen das Los.

– Du bist dran.

Und er fackelte nicht lange. Rasch getan! Zack, zack, doppelter Knoten!

Ah! Er wollte nochmal? Fabelhaft!

– Aber du zahlst …

Klarer Fall. Der andere würde Gregório etwas vorheulen. Und genau das wünschte er sich. Und Gregório würde sich auch ins Zeug legen müssen.

– Balbino hat mir gesagt, daß du aufschneidest? …

– Aufschneiden tu ich nicht. Ich spiele …

– Dann laß mal sehen.

Er ließ das Drehbiest nicht zur Ruhe kommen. Noch mühte sich das Ärmste um Gleichgewicht, und schon fiel es der Tod an.

Sie wollten handgreiflich werden. Die Sache hing an einem seidenen Faden. Carlos starb fast vor Neid … Aber der andere machte einen Rückzieher.

– Heute nicht. Ein andermal. Du verlierst nichts durch das Warten …

– Wann du willst.

Er wollte nicht als erster anfangen.

Nun sah sein Vater, daß er durch Berechnung hereinholen wollte, was er auf natürliche Weise verloren hatte. Und suchte ihm zu helfen.

– Mir scheint, du richtest ein Unglück an mit deinem Kreisel?!

– Ich habe schon die Neunzehn geschlagen! Ich mußte ihnen zeigen, wer es besser kann: ich oder Gregório.

Der Adler, der sich auf den Erdboden niedergelassen hatte und gleich wieder in die Höhe entschwebt war, wollte ihm nicht aus dem Kopf.

– Und werden sie nicht wütend auf dich werden?

– Einige behaupten bereits, daß sie meine Freunde sind.

– Trau ihnen nicht über den Weg ... Wenn ich du wäre ...

Der Vater verstand davon überhaupt nichts. Hier gab es nur eines: sofort reinen Tisch machen, bis sie sich ergaben.

Aber sie ergaben sich nicht, die Lumpenkerle. Sie wurden immer aufsäßiger!

Und die Zeit des Kreiselspiels ging zu Ende ...

Requiem

Das war der letzte Tropfen des Stroms. Durch die drei Ausflußwege, die das feindliche Gebiet wie geheime Adern in einem fremden Körper durchziehen, dauerte der Aderlaß schon vier Jahre an. Der menschliche Fluß schien kein Ende zu haben. Nächtlich und schweigsam bildeten seine Arme, wenn sie sich in Torrão vereinigten, eine so wasserreiche und stetige Strömung, daß man sich mit Recht fragen mußte, ob die Quelle jemals versiegen könnte.

Im übrigen dachten weder Lourenço noch seine Frau mehr daran. Nachdem die ersten Zeiten, in denen jede Handlung sich von ihrer Last an Ängsten begleitet sah, verstrichen waren, waren die Bedenken vom Alltag eingeschläfert worden, und auf jede Gebärde folgte auf natürliche Weise die nächste. Das Telegramm traf ein, die Ziffer wurde entschlüsselt, die Maschine kam in Bewegung, und alles lief methodisch ab, ohne unnötige Fragen. Dabei half ihnen ihre geruhsame, optimistische und romantische Natur freilich nur im gegenseitigen Austausch über die Dinge. Angesichts der unmittelbaren Alltäglichkeit suchte keiner von beiden Ausflüchte. Sie sahen schlicht und einfach das Greifbare. Die praktische, objektive Seite eines jeden Problems. Daher fand die Sache, der sie dienten, in ihnen nicht nur die Tatkraft, sondern auch die Überwindung der Eintönigkeit, Vorbedingung großer Taten, die sich wiederholen. Häftlinge aus Konzentrationslagern herauszuschmuggeln, abgestürzte Flieger zu retten, Verbindungsmännern oder Technikern, deren Aufgabe erfüllt war, zur Flucht zu verhelfen – das war Teil der Atmosphäre, die sie atmeten. Und indem sie Schrekken und überflüssige Aufregungen beiseite schoben, setzten sie ihr Leben stündlich aufs Spiel, ohne sich darum zu kümmern, wann und wie alles enden würde.

Fortuna indessen hat ihre unverhofften Launen in Kriegen, bei Zufällen und besonderen Gelegenheiten. Und so macht sie aus der letzten Wunde die schmerzhafteste, und aus der letzten Gebärde die seltsamste.

Dem Mann war es trotz seiner Verletzung gelungen, den Stacheldraht zu überklettern und zu fliehen. Fieberglühend hatte er sich, immer zu Fuß, von Hand zu Hand durchgeschlagen. Und nach erschöpfenden zwanzig Marschtagen war er im Todeskampf in ihr Haus gelangt. Gleich nachdem Lourenço ihn an der Grenze in Empfang genommen hatte, war er sicher, daß der Flüchtling sterben würde. Doch in dem tiefmenschlichen Gesetz all der namenlosen Glieder der rettenden Kette stand ein verzweiflungsvoller Paragraph: ein jeder mußte sich seiner Bürde möglichst bald entledigen. Und so überwand der Unbekannte auf den brüderlichen Schultern des neuen Herrn die Gebirgszüge um Torrão.

Die acht Kinder des Ehepaars schliefen fest, als der Vater das Haus betrat. Hinter der Fensterscheibe wachte nur Filomena. Geduldig hatte sie zugesehen, wie die Nachbarn in ihre Häuser traten, die Nachtschwärmer seltener wurden, der Straßenverkehr aufhörte, bis sie die gutgeölte Klinke der Haustür fast automatisch drückte.

– Ist er verwundet? – fragte sie, während sie dem Mann auf dem zweiten Treppenabsatz zuhilfe kam.

– Zwei Kugeln im Rücken.

Mehr als Worte wirkten Taten. Und keiner tat sich Zwang an, die Sachlage zu beschönigen.

Sie legten den Kranken in das große, leintuchbespannte Bett, versuchten ihm ein paar Löffel Hühnersuppe einzuflößen, prüften die Löcher, durch die das Blei eingedrungen war und aus denen der Eiter tropfte, der zu der Blutvergiftung geführt hatte, deckten ihn gut zu und zogen sich zur Beratung in das große Familienwohnzimmer zurück.

In dem mit alten Kastanienholzbrettern ausgelegten und mit Stichen der großen Gestalten der Vaterlands- und Menschheitsgeschichte geschmückten Wohnraum wurden die bedeutungsvollen Probleme entschieden, die über das Privatleben des Ehepaars hinausgingen.

Ein Arzt mußte gerufen werden. Aus elementarer, menschlicher Pflicht und strafrechtlicher Sicherheit mußte dieser schwerwiegende Schritt getan werden, der die Offenbarung des gesamten Vorgangs an jemanden einschloß, der sie anzeigen konnte.

Nachdem man Für und Wider sorgfältig erwogen und die drei alteingesessenen Ärzte der Umgebung, die Lourenço als bestechlich und feige kannte, verworfen hatte, entschieden sie sich für einen erst vor kurzem zugereisten jungen Mann, den sie nicht einmal kannten. Mit der Wahl dieses Menschen ehrten sie den Gemeinschaftsgeist der Jugend und wagten ihren Einsatz bei einem Roulettespiel, das zumindest die Möglichkeit einer Chance versprach.

– Gottes Wille geschehe! – schloß er philosophisch. – In diesen Dingen tritt immer ein Augenblick ein, in dem es gilt, dem Erstbesten zu vertrauen. Der Knäuel wird derartig wirr, daß es einfach so sein muß. Und manchmal geht alles gut. Es ist eine Frage des Glücks.

Wiederum bei dem Flüchtling, sahen sie, daß ihm nur noch wenige Lebensstunden vergönnt waren. Und Lourenço eilte zum Haus des Arztes.

Er klopfte an, erklärte, seine Frau liege mit Schmerzen danieder, und so gelang es ihm, den jungen Mann aus seiner Bettwärme zu reißen.

– Ist es weit?

– Nein, Senhor. Zwei– oder dreihundert Meter hinter der Kirche.

Auf der Straße ließ er sich, so gut er konnte, über die plötzliche Erkrankung seiner Frau aus, während er die Gefahr abwägte, sich diesen unerfahrenen Händen anzuvertrauen. Die Alten hatten sich die zitternden Hände am Unrat der Welt beschmutzt; die Hände des Jungen waren, wiewohl unerfahren, sicherlich unbefangen. Zumindest sprach dies für sie.

Der Arzt hörte guten Glaubens zu. Und da der Fall ihm einfach vorkam und sein Begleiter sympatisch erschien, wechselte er das Gesprächsthema.

– Sind Sie von hier? Ich kannte Sie nicht ...

– Das ist kein Wunder. Ich lebe mein Leben und gehe wenig aus ...

– Und wie heißen Sie?

– Lourenço Varandas, zu Diensten.

– Sehr angenehm.

Eher als Freunde denn als Fremde, die eine böse Stunde zusammengeführt hatte, schritten sie durch die stille Nacht.

– Sie, Herr Doktor, sind von auswärts, nicht wahr? ...

– Es war reiner Zufall. Ich wußte nicht wohin. Aber ich bereue es nicht. Ich mag die Leute hier. Sie sind offenherzig.

– Es gibt alles hier ... Manchmal zwingen die Umstände dazu ...

Der zurückhaltende Tonfall der Antwort brachte die Harmonie aus dem Gleichgewicht.

Und so gelangten sie schweigend an das obere Ende der Straße.

– Da sind wir.

Sie traten ein, stiegen die Treppe hinauf, und erst vor dem Totkranken sagte Lourenço, der mit seinem kräftigen Körper die Tür versperrte und somit jeden Rückzug verhinderte, die Wahrheit:

– Es geht um einen Flüchtling, Herr Doktor …

Er sah das Gesicht des Arztes erbleichen und seine Lippen sich nervös zusammenziehen. Er sah aber gleichzeitig, wie der Arzt stillschweigend die Hand des Kranken ergriff, ihm den Puls fühlte, das Bett aufdeckte und die Wunden untersuchte.

Gleichmütig beobachtete Lourenço aus seiner Ecke die Untersuchung.

– Ich bin im Bilde … – schloß der Arzt. – Wir können gehen.

– Hier durch, bitte schön. Und achten Sie auf die Stufen.

Fast gleichzeitig betraten sie das große Wohnzimmer, und beim Licht einer Lampe, die mit der ganzen elektrischen Energie der verdunkelten Stadt zu leuchten schien, blickten sie einander stillschweigend in die Augen. Zuerst sprach der Arzt.

– Da ist nichts zu machen. Der Mann ist erledigt.

Lourenço zog ein Päckchen Zigaretten aus der Tasche, bot sie dem Gast an, zündete sich eine an und begann in aller Ruhe zu rauchen. Er war vom Marsch noch staubbedeckt, und an seinen Hosenenden klebten Dornen und Samenkörner des Gestrüpps, das er durchquert hatte.

– Ich habe es mir fast gedacht, – sagte er schließlich. Und fügte mit zögernder Stimme hinzu:

– Sie müssen entschuldigen, Herr Doktor, daß ich Sie in die Sache verwickelt habe, aber im Grunde kann ich den Mann den Behörden weder tot noch lebendig bekanntgeben. Ich muß ihn auf irgendeine Weise aus dem Weg schaffen. Wenn er jedoch stirbt, wie es den Anschein hat, so brauche ich andererseits jemanden, der mir eines Tages eine Bescheinigung gibt, daß nicht ich ihn ermordet habe.

– Völlig richtig, – murmelte der Arzt und wurde noch bleicher.

In diesem Augenblick trat die Frau ein, grüßte mit leichtem Kopfnicken und sagte:

– Gerade eben ist er gestorben.

Ohne ein weiteres Wort stiegen die drei ins Schlafzimmer hinauf.

– Tatsächlich, – bestätigte der junge Mann.

Filomena deckte das Gesicht des Fremden mit einem Ende des Leintuchs zu, und sie gingen hinaus.

– Im Notfall also ...

– Sehr richtig.

Während die Wohnzimmerlampe nach wie vor hell leuchtete und Filomena im Flur verschwand, traten sie auf die Straße. Die Kälte der Nacht drängte die beiden dichter zusammen.

– So ein Pech ... – sagte der Arzt, wie entrückt. – Er ist im letzten Augenblick gestorben.

– Ich verstehe nicht ganz ...

– Der Krieg geht zu Ende.

– Meinen Sie?

– Haben Sie nicht die heutigen Rundfunknachrichten gehört, und auch nicht die Zeitung gelesen?

– Ich konnte nicht.

– Ach ja, stimmt. Verzeihen Sie. Aber es ist so. Sie haben um Frieden gebeten.

Nur im Innern Verschworene, verabschiedeten sie sich mit den üblichen Abschiedsworten voneinander, und Lourenço kehrte eilends in das Haus zurück. Das Wohnzimmerlicht brannte nicht mehr, aber es galt immer noch, den Toten zu begraben.

– Gehen wir an die Arbeit? – fragte er seine Frau.

– Was bleibt uns anderes übrig!

– Hör nur, wie Miguel schnarcht! Wir müssen seine Nase untersuchen lassen.

Sie packten den Leichnam an Schultern und Beinen, durchschritten das Haus und stiegen die Treppe zum Laden hinunter.

Er mit der Hacke und sie mit dem Spaten, schachteten sie mühsam das notwendige sieben Spannen lange Grab aus. Und erst gegen

Morgen, als der Tag die Mauerritzen durchdringen wollte, waren sie mit der Arbeit fertig. Nun brauchten sie nur noch den großen Brotkasten auf das Grab zu legen, als Mahnmal der Hoffnung.